Uli Kreh

Stuttgart und seine Stäffele

Silberburg-Verlag

Für Doris

9 8 7 6 5
04 03 02 01 00

Gesamtgestaltung: Uli Kreh, Stuttgart.
Druck: Freiburger Graphische
Betriebe, Freiburg i. Br.
Printed in Germany.

ISBN 3-87407-240-1

Besuchen Sie uns im Internet
und entdecken Sie
die Vielfalt unseres Verlagsprogramms:
www.Silberburg.de

Inhalt

Stuttgart, die Stadt der Stäffele, kann, wenn sie geliebt wird, wie ein Geschenk sein.

Dies ist ein Buch für Fußgänger, Stadtwanderer, Stäffelesrutscher, Spaziergänger, Feriengäste, Kongreß- und Messegäste, Dauergäste, Denkmalschützer, Landschaftsschützer, Architekten, Stadtplaner, Landschaftsplaner, Einheimische und Reingeschmeckte, Schwärmer und Träumer, Intellektuelle und Romantiker, solche, denen bewußt geworden, wie schön Stuttgart – über die Stäffele gesehen – ist, und sottige, die immer schimpfend und schnaufend über die Stäffele nach oben steigen, ohne sich auch nur einmal umzudrehen, um ins schöne Stuttgart hinunterzuschauen.

Und nicht zuletzt ist dies ein Buch für Stuttgarts staugestreßte Autofahrer: Zu Fuß über die Stäffele kommt man oft schneller ans Ziel.

Ein Stuttgarter, der mich neugierig und dabei vom Staffelsteigen heftig schnaufend beim Fotografieren der Stäffele beobachtete, fragte mich: „Sie, für was fotografiered Sie dia Stäffela?"
Ich sagte ihm, daß die Fotos für ein „Stäffelesbuch" seien.
„Was, a Buch möchtet Sie macha, a Buach über die Stäffela?
Wer hätt au des denkt, daß mr über Stäffela a Buach macha kô.
Sie, dô fällt mir grad des Liedle ei, wisset Se, des dr Willi Reichert em Radio früher emmer g'songa hôt ...
Wie hoißt's nomôl? Ha no, 's liegt mr auf dr Zong ... jetzat ... jetzetle fällt mrs wieder ei:

Wenn Stuagert koine Stäffele hätt,
nô wärs koi Stuagert meh,
nô wäret seine Mädla net
so schlank ond net so schee!
Dia steile Stuagerter Stäffele,
die haltet se en Schwong!
Dia, wenn de nuff- ond ronderrutscht,
dô bleibscht jô röösch ond jong!

Schee, gell! Also, nô wünsch i Ihne no viel Erfolg beim Bildle macha, knipset se guat."

Ein typischer Fußgänger bin ich zwar nicht, aber Tag für Tag – und zwar bei jedem Wetter – gehe ich zu Fuß hinunter in die Stadt, genieße das herrliche Stuttgarter Panorama von der Haußmannstraße aus, das je nach Witterung, Tageszeit und Jahreszeit immer wieder neue und beeindruckende Bilder hinterläßt. Einmal sind es die Wolkentürme über der Stadt, einmal das gleißende Sonnenlicht über den Dächern, oder der Nebel hängt tief unten über der Stadt, und man sieht nur vereinzelt hohe Gebäude herausragen, und schon fragt man sich: Wo liegt jetzt der Bahnhof? Wo das Alte Schloß? Es läßt sich nur noch erahnen. Je nach Lust und Laune steige ich dann die Sängerstaffel zur Urbanstraße hinab oder – ein Stück weiter vorn, vorbei an der schönen „Galatea" – über die Eugenstaffel, die ja eigentlich Eugenstraße heißt, leichten Fußes hinunter in die Stadt. Abends nehme ich den gleichen Weg, aber in dem Bewußtsein, die vielen, nicht enden wollenden Staffeln wieder und wieder hinaufzusteigen. Anfangs mit Herzklopfen und Schnaufen, bis zur Routine, jetzt bin ich's gewohnt. Manchmal empfinde ich es als Sport. Ich sehe es ja ein: Nur abwärts geht es leichten Fußes. Aber unser Herrgott wird gesagt haben, daß man für so ein Stückle Paradies auch was schaffen müsse (wenns nuff gôht). Das Schönste, was ich auch nicht missen möchte, ist die Tatsache, daß die Stäffele autofreie, somit abgasfreie, ruhige und fast erholsame Fußgängerparadiese sind.

Stuttgart, die Stadt der Stäffele.

Die einen meinen, es seien 450 oder gar 500 Staffeln. Andere haben 400 Staffeln gezählt. Auch ich habe das Wagnis unternommen und gezählt und nochmals gezählt. 300 Staffeln sind bei mir herausgekommen.
Ungezählt blieben dabei die vielen Weinbergstaffeln, von denen viele, jahrhunderte alte Staffeln der Flächensanierung in den Weinbergen weichen mußten. Ungezählt blieben die kurzen Treppele und die langen Stäffele, über die man – durch steile Vorgärten oder Obstgärtlein – zu seinem Haus oder zum Gartenhaus im Gütle kommt. Ebenso die vielen Staffelauf- und Staffelabgänge der Fußgängerunterführungen und die Abgänge zu den Stadtbahn- und S-Bahnstationen, die, wie ich meine, auch so gut wie nie als Vorzeigeobjekt geeignet sind.
Zählte man diese Staffeln alle dazu, wäre die Zahl 500 weit untertrieben.

Die 500 oder 300 Stäffele sind nicht nur ein Thema für romantische Spaziergänger. Daß man sie auch einmal rechnerisch unter die Lupe nehmen kann – darauf mußte erst ein Stuttgarter Stammtisch kommen, und der wollte es genau wissen; er wollte nämlich wissen, welche Staffel die meisten Stufen hat. Ist es die Mohlstaffel mit 230 Stufen? Die Sünderstaffel hat 260 Stufen! Die Buchenhofstaffel 310! Dann ist es die Willy-Reichert-Staffel mit 407 Stufen! Man glaubte also, nun die stufenreichste Staffel gefunden zu haben. Bei näherer Betrachtung jedoch entdeckte man einen Fehler: Man hatte die Stufen der bis zur Hohenstaufenstraße reichenden Römerstaffel dazugezählt.
Ich meine aber, daß es unwichtig ist, ob der untere Teil einer Treppenanlage einen anderen Namen trägt oder nicht. Die beiden gehören zusammen, und keiner, der sie von unten an bis hoch zur Karlshöhe – schnaufend und mit Herzklopfen – hinaufgestiegen ist, wird das je in Frage stellen.

Natürlich gibt es längere Staffeln, bedingt durch die Beschaffenheit der einzelnen Stufen, ihre Höhe und Tiefe sowie die dazwischenliegenden stufenfreien Wegflächen. Die Taubenstaffel in Heslach ist mit ihren 256 Metern die längste Staffel Stuttgarts, gefolgt von der Haigststaffel mit 240 Metern und der Lorenzstaffel mit 230 Metern.
Es gibt Staffeln im Süden, Norden, Osten, Westen, in Degerloch, Gablenberg, Hedelfingen, Rohracker, Wangen, Untertürkheim, eigentlich überall, an jedem Hang, an jedem Hügel.
Oft werden die Staffeln im Stadtplan nicht einmal als Staffeln, sondern als Straßen oder Wege geführt; oder sie haben überhaupt keinen Namen. Vieles zerstörte der Krieg in Stuttgart, auch viele Staffeln, vieles wurde wieder aufgebaut; neuer, moderner – aber auch besser? Steigt man sie hoch, die alten, vom Krieg verschonten Staffeln, dann spürt man vielfach den Hauch der schönen, alten Stadt. Hier sind sie alle gegangen, die Wengerter, die Bauern, die Verliebten, die Dichter und die Maler und schwärmten, wie wir heute noch schwärmen. Malerinnen und Maler, wie Ida Kerkovius, Max Ackermann, Johannes Itten, hatten ihre Ateliers in Stuttgarts Hanghöhenlage, direkt an einem Stäffele oder in der Nähe eines solchen. Der Bund bildender Künstlerinnen hat neben der Eugenstaffel (übrigens der Königin aller Staffeln, sie ist einfach die schönste, man könnte fast sagen, die vornehmste) ein Atelierhaus inmitten einer herrlichen Kulturlandschaft. In vielen Bildern von Ida Kerkovius, Max Ackermann, Reinhold Nägele und anderen Stuttgarter Künstlern tritt irgendeine der Staffeln in den Bildvorder- oder -hintergrund. Ob es stimmt, wenn Peter Härtling voller Ironie behauptet: „Stuttgart ist eine Provinzstadt, die ab und zu mal mehr ist. Das hängt wohl immer von den Leuten ab, die gerade da sind. Allerdings besteht die Neigung, daß Leute, die da sind, niedergebügelt werden. Was gibt's noch? Stäffele." – ? In der kleinen Geschichte von Yüksel Pazarkaya, „Sisyphus auf der Staffel", wird deutlich, daß die Schönheiten der Kulturlandschaften Stuttgarts nicht auf bequemem Weg konsumiert werden können. Das bezieht sich auch auf diejenigen Stuttgarterinnen und Stuttgarter und „Rei'g'schmeckte", die so sehr um ein positives Erscheinungsbild bemüht sind. Ich behaupte, Stuttgarts Erscheinungsbild basiert zum großen Teil auf den Stuttgarter Stäffele. Sie sind steil und kaum bezwingbar; doch wer da glaubt, mit einer einzigen erstiegenen Staffel einen neuen, erstrebenswerten Blick über Stuttgart erreicht zu haben, der irrt. Man muß schon die Mühe auf sich nehmen und viele Staffeln ersteigen, um dann den Blick über Stuttgart zu bekommen, der die Stadt so unvergleichlich gegenüber anderen großen und wichtigen Städten macht, die ständig bemüht sind, sich mit Werbekonzepten ein Aussehen und Ansehen zu verschaffen. Stuttgart verkörpert seine Schönheit und Ausstrahlung in sich und bedarf nicht des Werbens darum, sondern nur des Erkennens.

Mit seinem hervorragend gestalteten Bildband hat Uli Kreh eine der liebenswertesten Seiten Stuttgarts und der in ihm aufgegangenen Städte, Dörfer, Weiler und Höfe porträtiert. In eindrucksvoller Weise erschließt sich dem Betrachter der Bildszenerie der „Stäffele" die Stadt zwischen Wald und Reben. Ich gestehe gerne, daß ich von der Fülle landschaftlicher und städtebaulicher Kleinodien, die in diesem Buch vereinigt sind, fasziniert bin. Manches war mir bisher unbekannt, war mir auf meinen Wanderungen durch die Stadt verborgen geblieben, wieder anderes war mir bekannt, hat mich immer wieder in seinen Bann gezogen. Freilich, das Auge des Künstlers sieht überall Neues, Reizvolles, Sprechendes. Es rückt Stimmungen, Winkel und Ecken ins Bild, die Freude machen, mitunter auch nachdenklich stimmen, stets aber bereichern. Besonders reizvoll erscheint mir die ausgewogene Wechselbeziehung zwischen Bild und Text, das Nebeneinander von historischen und aktuellen bildlichen Fixpunkten. Die historische Entwicklung der Innenstadt und des Kranzes der sie umgebenden Orte im Lauf von fünfzig, hundert oder mehr Jahren wird anschaulich und lebendig vorgestellt. Korrespondierende Stadtansichten aus demselben Blickwinkel, in ihrer Entstehung oft viele Jahrzehnte auseinanderliegend, dokumentieren in eindrucksvoller Weise Werden, Wachsen und Wandel der Stadt, ebenso die Veränderungen in den sozialen, kulturellen und wirtschaftlichen Lebensbezügen ihrer Bewohner. Manche Fragen zur Geschichte Stuttgarts, die sich bei der Lektüre der Texte und dem Betrachten der Bilder aufdrängen, werden durch das Buch selbst beantwortet, andere Fragen, die offen bleiben, regen zu einer vertieften Beschäftigung mit der Historie der Stadt und mit den Menschen an, die in den letzten zwei, drei Jahrhunderten hier gelebt haben.

Mit dem Buch von Uli Kreh läßt sich Stuttgart neu entdecken, läßt sich ein Zugang zu seiner wechselvollen Geschichte und zum vielfältigen Panorama seiner Gegenwart finden. Im Mittelpunkt steht der in dieser Stadt lebende Mensch: der Weingärtner, der Handwerker, der Kaufmann usw. Viele Generationen haben ihren Beitrag zu unserem heutigen Stuttgart geleistet, haben an der Stadt gearbeitet, haben Wechsel und Wandel bewirkt, Neues geschaffen. Die „Stäffele" legen davon ein beredtes Zeugnis ab. Sie verdanken ihr Entstehen dem Weinbau. Dieser, sehr wahrscheinlich von Klöstern wie Bebenhausen, Lorch oder Adelberg hier heimisch gemacht, spielte seit dem Mittelalter in Stuttgart und seinen „Neckarvororten" eine dominierende Rolle. Der Wein bildete den Reichtum des alten Stuttgart. Die Weingärtner waren hier lange der wichtigste Berufsstand. 1730 zählte man bei insgesamt 11 300 Einwohnern nicht weniger als 684 Weingärtner. Zu Beginn des 18. Jahrhunderts bestand die Markung der Stadt aus 2 640 Morgen Weinbergen, 2 440 Morgen Wald und 2 774 Morgen Weiden, Wiesen, Gärten und Äckern. Ein Drittel der Markung war demnach mit Reben bepflanzt. Vor dem Dreißigjährigen Krieg muß dieser Anteil noch höher gelegen haben. Nach dem im 17. Jahrhundert lebenden Chronisten Johann Jakob Gabelkover war der Boden um Stuttgart für den Weinbau „ganz bequem und tauglich, da er seiner lebersteinigen Art und heißgräten Qualitäten halber sowohl den Stöcken als auch den Trauben in der Blüte und in der Zeitigung sehr wohl bekam". In guten Jahren gab es Wein im Überfluß. Nach den Feststellungen des Tübinger Juristen Lansius sei um 1600 in Stuttgart mehr Wein als Wasser zu finden gewesen. Eine von Merian und anderen überlieferte Redensart lautete, Stuttgart müßte im Wein ertrinken, wenn im Herbst die Trauben nicht „abgelesen" würden. Zwischen 1550 und 1620 sollen auf der Stadtmarkung 1000 Morgen Weinberge neu angelegt worden sein. Gabelkover behauptete, daß Stuttgart neben Wien in Österreich und Würzburg den „größten Weinwuchs" in ganz Deutschland aufweise. Selbst vom höchsten Turm Stuttgarts oder vom höchsten stadtnahen Berg aus könne man nicht einmal die Hälfte der Weinberge überblicken, weil „alle Berge an und um die Stadt, ja deren etwa zwei oder drei hintereinanderliegend, hinten und vornen, oben und unten mit Rebwerk über und über bebaut" seien. Der Stuttgarter Wein fand vor allem in Bayern und Österreich guten Absatz. Die Weinberge reichten noch bis zu Beginn des 19. Jahrhunderts an die Stadttore heran. Die ergiebigsten Lagen waren im Mönchsberg, im Hoppenlau, im Ameisenberg, im Falkert, beim Fangelsbach, in der Afternhalde, an der Heusteige, im Kriegsberg und an der Weinsteige. Im Kriegsberg und im Mönchsberg wuchs der sogenannte Claretwein, ein Wein nach Burgunderart, der am Ende des 16. Jahrhunderts mit Vorliebe am württembergischen Hof getrunken wurde und weithin berühmt war. Als die Franzosen im Spanischen Erbfolgekrieg zu Beginn des 18. Jahrhunderts Stuttgart besetzten, verlangten sie nach Burgunderwein aus Frankreich. Den im Herzogtum Württemberg erzeugten Wein hielten sie nicht für trinkbar. Als indes der französische Wein zur Neige ging, füllten die Bürger in ihrer Not die Flaschen der Soldaten mit rotem „Mühlhäuser", und zu ihrer großen Überraschung rühmten die Franzosen die hohe Qualität des neugelieferten Burgunders, den sie für ein exquisites Gewächs aus Frankreich hielten. Auf den Gedanken, es könnte ein schwäbischer Wein sein, kamen sie überhaupt nicht.

Als sich Stuttgart um die Mitte des letzten Jahrhunderts anschickte, baulich nach und nach die Hänge rings um die Stadt zu erklimmen, verschwand ein Teil der Weinberge. Dort, wo die Weingärtner Jahr für Jahr den Rebanlagen einen Ertrag abgerungen hatten, entstanden jetzt Häuser und Straßen. An die Stelle der alten Weinbergstaffeln traten steil ansteigende Fußwege und Staffeln zu den hochgelegenen neuen Wohngebieten. Doch zwischen und oberhalb von ihnen erhielten sich Weinberge und Gartengrundstücke, durch sie blieb die Erinnerung lebendig, daß der Wein Stuttgart einst reich und bekannt gemacht hatte. Wenn wir heute die Staffeln an den Stuttgarter Hängen hochsteigen und uns an der landschaftlichen Schönheit der Stadt freuen, dann sollten wir auch der Menschen gedenken, die hier einst in mühseliger, kräfteverzehrender Arbeit die häufig schwer zugänglichen Hanglagen dem Weinbau erschlossen und von seinem Ertrag sich und ihre Familien mehr schlecht als recht ernährt haben. Sie haben die Stadtlandschaft bis heute entscheidend geprägt. Vieles von dem, was wir, nicht selten sogar romantisch, verklärt sehen, was uns Freude bereitet, wenn wir die „Stäffele" erwandern und erleben, ist das Ergebnis des schweren Existenzkampfes vieler Generationen.

Ich wünsche dem Buch von Uli Kreh viele Freunde.

Paul Sauer

Bis zum Beginn des 19. Jahrhunderts bewahrte sich Stuttgart im wesentlichen eine seit dem Mittelalter unverändert gebliebene Stadtstruktur. Das Städtchen in der Talsenke war umgeben von Weinbergen, Obstbaumwiesen und Gärten, die sich die Hänge hinaufzogen. Zu den benachbart liegenden kleinen Dörfern, Weilern und Gehöften, die heute teilweise zu den Innenstadtbereichen zählen, führten steile Wege, Steigen, Klingen, Weinbergstaffeln und Treppenaufgänge. Aus Gebrauch und sinnvoller Nutzung entwickelten sich auf diese Weise natürlich gewachsene Aufgänge.

Heute noch erinnern viele Straßennamen an die topographischen Gegebenheiten, wie zum Beispiel

- Alte, Neue und Obere Weinsteige;
- Weinklinge, Dobelklinge und Klingenbach;
- Relenbergstraße, Sonnenbergstraße und Bergstraße;
- Im Buchrain, Im Eulenrain und Im Fuchsrain;
- Weinbergstaffel, Buchwaldstaffel und Bergstaffel;
- Stafflenbergstraße und Weinbergweg.

Ab Mitte des 19. Jahrhunderts fängt die Stadt an, sich auszubreiten und die Hänge hinaufzuwachsen. Zwangsläufig wird das von Mitte des 15. bis in die erste Hälfte des 19. Jahrhunderts in der Talsohle angewandte Straßenrastersystem aufgegeben. Bedingt durch die topographischen Verhältnisse wird das Rasterschema durch Diagonal-Straßen abgelöst, die eine geringere Steigung ermöglichen. Der formale Gedanke des Rastersystems wird jedoch nicht ganz verlassen. In der sonst üblichen Straßenbreite werden nun Staffeln mit Mittel- oder Seitengrünstreifen angelegt, zum Beispiel die Sängerstaffel.

Die natürlich gewachsenen Wege und Treppen werden zum Teil durch geplante, meist kunstvoll axial ausgerichtete Staffelaufgänge ersetzt. Es entstehen geplante und gebaute Kunst- und Architekturstaffeln, manchmal in Verbindung mit Brunnenanlagen. Die Bepflanzungen sind oft integrierter Bestandteil der Planungen.

In dem Maße, wie sich die Stadt die Hänge hinaufschiebt, entstehen immer mehr neue Treppenanlagen beziehungsweise werden alte, gewachsene Staffelaufgänge ausgebaut. Es entstehen sogar Gebäude, die nicht mehr von einer Straße, sondern nur über eine Treppenanlage zugänglich und erschlossen sind.

So ist es kein Wunder, daß die Stuttgarter den für sie typischen, aus der landschaftlichen Situation entstandenen Spitznamen „Die Stäffelesrutscher" bis heute behalten haben.

Die natürlich gewachsenen und von alters her überkommenen steilen Wege und Treppenaufgänge werden aufgewertet, mit Natursteinpflasterbelägen versehen und den neuen Bedingungen der wachsenden Bebauung angepaßt. Es gibt einige noch heute vorhandene Treppenaufgänge, die anstelle der Stufen lediglich unregelmäßig beschlagene Natursteinplatten aufweisen. Andere Treppenaufgänge bestehen nur aus senkrecht eingebrachten Naturstein-Stellplatten, wobei die Trittflächen mit Granitsteinen gepflastert wurden, anstelle des früher vorhandenen wassergebundenen Belages. Diese Art von Treppenaufgängen hatte meist einfache Geländer, zum Beispiel senkrechte Granitpfosten, durch die als Handlauf ein Rohr gesteckt war.

Zu dieser Art von Überwindung einer vorhandenen Höhendifferenz gehören auch Anlagen wie zum Beispiel beim Bopserweg oder bei der Hornbergstaffel, bei denen die in der Mitte verlaufende gepflasterte Fahrbahn seitlich von flach gestuften Gehwegen begleitet wurde. Oft wurde anstelle von Granitpflaster auch polygonales Travertinpflaster verlegt.

Das Verhältnis von Höhe zur Tiefe der Stufen ergab sich aus der vorhandenen Geländeneigung. Diese konnte beim üblichen Norm-Steigungsverhältnis der Stufen durch Zwischenpodeste (die dem Schrittmaß angepaßt waren) oder durch tiefere Auftrittsflächen (zum Beispiel für zwei Schritte) ausgeglichen werden.

Auch aus dem Bereich der geplanten Kunst- beziehungsweise Architekturtreppen gibt es eine große Zahl vielfältiger Beispiele. Meist wurden Blockstufen aus Natursteinen verwendet (heute vielfach ersetzt durch gegossene Betonstufen) mit seitlichen Natursteinwangen, Natursteinmauern oder verputzten Brüstungen. Es gibt auch Beispiele, bei denen seitlich neben den Stufen wasserführende Rinnen vorhanden sind, die zu meiner Jugendzeit ideale Rennstrecken für Spielzeugautos waren. Es gibt einfache und schöne Eisenstabgeländer, die bei größeren Abständen mit zusätzlichem Maschendrahtgewebe versehen waren. Andere Treppen weisen Balustraden und Baluster aus Naturstein auf. Bei Jugendstiltreppen sind teilweise noch heute reizvoll gestaltete Geländer zu sehen.

Es sei noch darauf hingewiesen, daß nicht nur im öffentlichen Raum, sondern auch in den Privatbereichen ausdrucksvolle Natursteinmauern mit Treppenaufgängen vorhanden sind.

Leider wurden an diesen Treppenanlagen nach dem Krieg auch Bausünden begangen, sowohl bei der städtebaulichen Gesamtkonzeption als auch bei der Erstellung von neuen Geländern und bei Neupflanzungen. Es wird daher in Zukunft wesentlich darauf ankommen, diese reizvollen Anlagen mit ihren vorhandenen Milieuwerten zu erhalten und wenn notwendig behutsam zu erneuern.

Walther Döcker

Stuttgart-Mitte:

Bopserstaffel
Breite Straße
Dobelstaffel
Eugenstaffel
Friedenstaffel
Gaisburgstraße
Gerokstaffel
Jägerstaffel
Kernerstaffel
Kronenstaffel
Lorenzstaffel
Mohlstaffel
Oberer Reichelenbergweg
Sängerstaffel
Schickstaffel
Schulstraße
Schützenstaffel
Sonnenbergstraße
Sophienstaffel
Staffel An der Stadtmauer
Staffel zur Haußmannstraße
Staffelaufgang zur Alexanderstraße
Sünderstaffel
Wächterstaffel

Stuttgart-Süd mit Heslach:

Adlerstaffel
Afternhaldenstaffel
Altenbergstaffel
Am Bopser
Bopserklinge
Cottastaffel
Elsterstaffel
Finkenstaffel
Fritz-Münch-Staffel
Hasenstaffel
Heslacher Wand
Kelterstaffel
Kolbstaffel
Lehenstaffel
Liststaffel
Mühlrainstaffel
Müllerstaffel
Obere Hohenzollernstaffel
Pfarrwegle
Römerstaffel
Rottannenweg
Schwalbenstaffel
Sperlingstaffel
Staffel im Kienle
Staffel über dem Schwabtunnel
Staffel zum Blauen Weg
Staffel zum Pfaffenweg
Staffel zur Alten Weinsteige
Staffel zur Bopserwaldstraße
Staffel zur Gebelsbergstraße
Staffel zur Hahnstraße
Staffel zur Hohentwielstraße
Staffel zur Lerchenrainschule
Staffel zur Liebigstraße
Staffel zur Wernhaldenstraße
Staffelanlage Weißenburgpark
Staffelüberweg, Hauptstätter Straße
Tannenstaffel
Taubenstaffel
Untere Altenbergstaffel
Untere Hohenzollernstaffel
Weißenburgstaffel
Willy-Reichert-Staffel
Witthohstaffel
Zur Schillereiche

Stuttgart-West:

Botnanger Steige
Buchenhofstaffel
Claudiusstaffel
Falkertstaffel
Hasenbergstaffel
Hebbelstaffel
Herderstaffel
Herweghstaffel
Karl-Adler-Staffel
Lilienthalstaffel
Novalisstaffel
Paulusstaffel
Rötestaffel
Staffel am Leipziger Platz
Staffel an der Zeppelinstraße
Staffel zum Honoldweg
Staffel zur Botnanger Straße
Staffel zur Gaußstraße
Staffel zur Hauptmannsreute
Staffel zur Herderstraße
Staffel zur Kantstraße
Staffel zur Reinsburgstraße
Staffel zur Vorsteigstraße
Staffel zur Zeppelinstraße
Staffelabgang zur Bebelstraße
Staffelaufgang Bismarckstraße
Staffelaufgang Claudiusstraße
Staffelaufgang Rotebühlstraße
Staffelaufgang Schwabtunnel
Staffelaufgang zur Karlshöhe
Stirnbrandstaffel

Stuttgart-Nord:

Adolf-Fremd-Weg
Am Koppentalbrunnen
Am Kräherwald
Am Kriegsbergturm
Azenbergstaffel
Eckartshaldenstaffel
Ehrenhaldenstaffel
Erbenolstaffel
Feuerbacher Weg
Frauenbergweg
Friedrich-Keller-Staffel
Helmholtzweg
Mehrere Staffeln im Höhenpark Killesberg
Im Birkendörfle
Im Kaisemer
Im Schüle
Kriegerstaffel
Lessingstraße
Löwentorstaffel
Räpplenstaffel
Robert-Heck-Weg
Salzmannweg
Schoderstaffel
Staffel am Dürerweg
Staffel am Kappisweg
Staffel zum Killesberg
Staffel zum Postdörfle
Staffel zur Birkenwaldstraße
Staffel zur Eduard-Pfeiffer-Straße
Staffel zur Frühlingshalde
Staffel zur Helfferichstraße
Staffel zur Hermann-Kurz-Straße
Staffel zur Landenbergerstraße
Staffel zur Rosensteinstraße
Staffel zur Wolframstraße
Thomastraße
Tiergartenweg
Viktor-Köchl-Weg
Vordernbergstraße
Wiederholdstaffel
Wolframstraße

Stuttgart-Ost mit Berg, Gablenberg und Gaisburg:

Alfdorfer Staffel
Alfred-Lörcher-Weg
Am Mühlkanal
Aspergstaffel
Baumannstaffel
Berger Kirchstaffel
Braunweg
Buchwaldstaffel
Diemershaldenstaffel
Ecklenstaffel
Engelhornstaffel
Farrenstaffel
Gellertstaffel
Ginsterstaffel
Gottliebstaffel
Grafeneck
Gröberstaffel
Grünblick
Heilmannstaffel
Hoffmannstaffel
Hornbergstraße
Im Fuchsrain
Karl-Donndorf-Weg
Lembergstaffel
Römersteinweg
Schellbergstraße
Schubartstaffel
Silberweg
Staffel am Altersheim
Staffel bei der Hauswirtschaftlichen Schule
Staffel im Berger Park
Staffel zum Bergfriedhof
Staffel zum Heckenäcker Wald
Staffel zum Schellenkönig
Staffel zum Straußweg
Staffel zur Ameisenbergstraße
Staffel zur Fraasstraße
Staffel zur Seeburger Straße
Staffel zur Sickstraße
Staffelanlagen bei der Villa Berg
Steingrubenweg
Straußstaffel
Wunnensteinstaffel

Bad Cannstatt:

Altenburger Staffel
Mannheimer Staffel
Offenburger Staffel
Sonnenblumenweg
Staffel zum Hallschlag
Staffel zum Schloß Rosenstein
Staffeln in der Wilhelma
Zuckerleweg

Birkach:

Staffel zur Alten Dorfstraße

Botnang:

Fleckenwaldstaffel
Kirchstaffel
Staffel zum Corelliweg
Staffel zum Gänsleweg
Staffel zum Mittleren Kirchhaldenweg
Staffel zur Förstlerstraße
Staffel zur Händelstraße
Staffel zur Haydnstraße
Staffel zur Kullenbergstraße
Staffel zur Millöckerstraße
Staffel zur Offenbachstraße
Staffel zur Vaihinger Landstraße
Verdistaffel

Degerloch:

Haigststaffel
Josefstaffel
Meistersingerstaffel
Reginenstaffel

Feuerbach:

Bäderstaffel
Bubenhaldenstaffel
Burghaldenstaffel
Einsiedelweg
Ernst-Bloch-Staffel
Eychstaffel
Fahrionstaffel
Friedrich-Wolf-Staffel
Happoldstaffel
Staffel zur Lenbachstraße
Staffel zur Rolandstraße

Frauenkopf:

Eselstaffel

Freiberg:

Bergstaffel
Brunnenrainstaffel

Hedelfingen:

Lederbergstaffel
Ruiter Staffel
Staffel am Katzenbach
Staffel zur Heckenstraße

Heumaden:

Staffel zur Schwendestraße

Hofen:

Weißenseestaffel
Wildgansweg

Hoffeld:

Alice-Haarburger-Staffel
Maria-Lemmé-Staffel

Kaltental:

Frechstaffel
Hirsauer Staffel
Schiltacher Staffel
Staffel zur Burgstraße
Staffel zur Engelboldstraße
Staffel zur Schloßbergstraße
Staffel zur unteren Burgstraße
Triberger Staffel

Möhringen:

Staffel zum Stöfflerweg

Mühlhausen:

Schloßstaffel

Münster:

Albert-Ebert-Staffel
Enzstaffel
Murgtalstaffel
Schussenstaffel
Spreeweg
Staffel am Klosterhof

Obertürkheim:

Bergstaffel
Dautenklinge
Staffel zum Klingenholzweg
Staffel zur Petruskirche
Staffel zur Rüderner Straße
Sulzstaffel

Plieningen:

Aichelestaffel

Rohr:

Dreibrunnenweg
Essigstaffel
Kirchenwegle
Kirchstaffel

Rohracker:

Staffel am Boskopweg
Staffel zum Speidelweg
Staffel zur Dürrbachstraße
Staffel zur ehemaligen Burg Rohreck
Staffel zur Rohrackerstraße

Rotenberg:

Bei der Wette
Grabkapelle

Schönberg:

Dürrbeinstaffel

Sillenbuch:

Baumgartenstaffel
Buowaldstaffel

Sonnenberg:

Staffel am Sonnenbühl

Steinhaldenfeld:

Zuckerbergstaffel

Uhlbach:

Staffel zur Innsbrucker Straße

Untertürkheim:

Friedhofstaffel
Hindelanger Straße
Oberstdorfer Straße
Staffel zum Mönchberg
Warthstaffel

Vaihingen:

Champignystaffel
Ernst-Schädle-Staffel
Hessenlaustaffel
Himmelstaffel
Staffel zum Bittingerweg
Staffel zur Fuggerstraße
Weinbergstaffel

Wangen:

Bergstaffel
Friedhofstaffel
Kirchstaffel
Staffel zum Letterle

Weilimdorf:

Staffel zum Maierwald

Zazenhausen:

Himmelsleiter

Zuffenhausen:

Mönchsbergstaffel
Mühlenstaffel

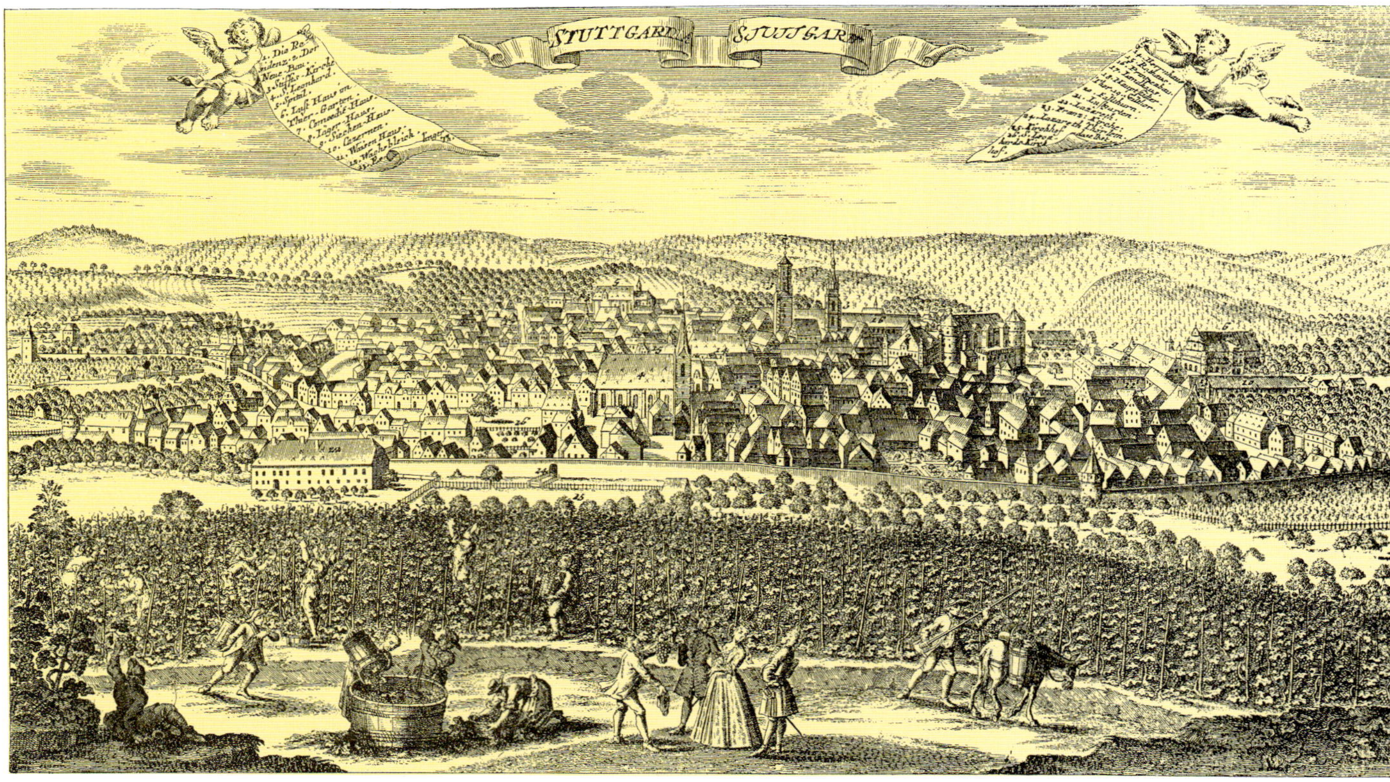

Stuttgardia – Stuttgard
Aus: Europae Ornamentum et Munimenta (Kupferstich von Johann Christian Leopold, 1745)

Diese Ansicht ist von Südosten aufgenommen. Der Weinberg vorn mit der dargestellten Weinlese liegt in der Gegend der sog. Stitzenburg. Eine Anzahl bekannter Baulichkeiten ist namentlich aufgeführt. Links außerhalb der Stadtmauer ist das 1560 erstellte Lazarett zu sehen, das für die Aufnahme von Pestkranken bestimmt war. Es diente bis 1828 als Krankenhaus.

Am Anfang gab es nur die Stäffele in den Weinbergen.

Von Anbeginn hatte der Weinbau den Alltag der Stuttgarter bestimmt. Urkundliche Nachweise über den Weinbau reichen bis ins 12. Jahrhundert zurück. Während Stuttgart im Tale wuchs, bedeckten sich die umgebenden Hänge ringsum mit Weingärten, wurden zu einer Kulturlandschaft besonderer Prägung mit Stützmauern und den ungezählten, steilen Stäffele. Man behauptet gar, daß es in manchen Jahren soviel Wein gab, daß man mehrmals ins Wirtshaus einkehren mußte, um den vielen Wein zu trinken, der für einen Kreuzer, die kleinste Münze, ausgeschenkt wurde. Es wird auch erzählt, daß beim Bau des kleinen Stiftskirchturms der Kalk mit „überschüssigem" saurem Wein angerührt war.

Der Weinhandel florierte zusehends, deshalb wurden die letzten wenigen Äcker und Baumwiesen in Weinberge umgewandelt. Ende des 13. Jahrhunderts wurde der Kriegsberg und der „Münchberg" über den Mönchhalden, der Ameisenberg, der Relenberg und die Hauptmannsreute in Weinberge umgewandelt. Graf Eberhard gewährte 1286 dem Kloster Bebenhausen Zinsfreiheit für seine Weinberge in der Afternhalde, in der Rainburg, in der Wannen, an der Wülenhalde, zu Fangelsbach, an der Heusteige, am Hoppenlau und am Künenberg. Diese Zinsfreiheit bescherte dem Kloster Bebenhausen Wohlstand und den Stuttgarter Weinbauern Arbeit und Brot.

Reisende berichteten gerne über Stuttgarts augenfälligstes Attribut. „Stuttgart liegt gar lustig in einem Tal mit Weingarten umgeben", schilderte der Wiener

Im 19. Jahrhundert trugen die Frauen ihre Waren auf dem Kopf über einen der vielen Staffelwege hinunter in die Stadt. Als Behältnisse dienten die „Zeinen", das waren Körbe, deren Druck durch einen Bausch gemildert wurde. Unterwegs konnten sich die Frauen an den steinernen Ruhebänken, ohne dabei die Traglast abzusetzen, ausruhen. Eine der letzten Steinbänke, die auch die Bezeichnung „Gruber" führten, steht heute noch am Rand des Wernhaldenwalds.

Die Aufnahme von Forstmeister Feucht um 1920 zeigt die Straßenkreuzung auf dem Gähkopf am Bismarckturm. Auf dieser steinernen Ruhebank machten die Feuerbacher Marktfrauen auf dem Weg zum Stuttgarter Markt ihre erste große Verschnaufpause.

Domherr Ladislaus Suntheim. Ulrich von Hutten berichtete, der Wein sei hier so, wie es sich von einem solchen paradiesischen Lande erwarten lasse.

In Stuttgart ist der Weinbau bereits im 13. Jahrhundert urkundlich nachweisbar, um 1600 ist er zur Haupteinnahmequelle der Bevölkerung der Stadt geworden, mit Ausfuhren nach Bayern, Österreich und auch Holland bzw. England von größter wirtschaftlicher Bedeutung. Noch heute ist Stuttgart die viertgrößte Weinbaugemeinde Deutschlands. Die ausgedehnten Weinberge am Südrand des Talkessels sind noch um 1900 vorhanden gewesen, sie waren bis dahin für die heutige Südstadt landschaftsprägend, wie dies auch ihre namensgebende Bedeutung für wichtige Verkehrsadern (Alte und Neue Weinsteige) belegt. Seit dem 19. Jahrhundert sind sie weitgehend durch Wohnbebauung verdrängt worden, entlang der Neuen Weinsteige sind sie teilweise auch in Gartenland umgewandelt worden. Nachdem die Rebflurbereinigung längst alle großen Weinberge erfaßt hat, gehört diese traditionsreiche Weinlage in ihren Resten zu den letzten historischen Anlagen Stuttgarts überhaupt.

Gegen Ende des 19. Jahrhunderts begann die sich dehnende Stadt, die Hänge hinaufzuklimmen. Eine langsam sich vollziehende, aber höchst bedeutsame Verwandlung der Stadt und ihrer Atmosphäre als Wohnort begann. Waren die Hänge, Hügel bisher als Weingärten Nahrungs- und Erwerbsgrundlage, waren seit dem Biedermeier nur einige Punkte als Ausflugsziele, als Biergärten, den Bürgern angenehm, so begannen nun mehr und mehr Menschen, die Hänge zu bewohnen, mit dem Blick über die Stadt hinweg, mit dem täglichen, nächtlichen, durch die Jahreszeiten sich wandelnden Erleben

Photolithographie (nach Merian, 1641).

dieser kaum vergleichlichen Stadtlandschaft. Das, was uns heute an Stuttgart fast unvergleichlich dünkt, begann erst in den Jahren um 1900. Zunächst wurde im Osten das Viertel um die Achse der Olgastraße ausgebaut. Trotz des stark ansteigenden Geländes versuchte man, ein orthogonales Straßenraster zu schaffen, obwohl ein solches Ordnungssystem für dieses Terrain recht ungeeignet ist. So wurde ab 1860 dieses Schema durch die Anlage von Diagonalstraßen ergänzt. Diese schafften spitzwinklige Ecksituationen und ließen die für den Osten typischen Sternplätze,

wie den Schützenplatz, entstehen. Die direkten Querverbindungen mußten des starken Gefälles wegen als Treppen ausgebildet werden, die – Staffeln genannt – zu einem Merkmal Stuttgarts wurden. In dieser bevorzugten Lage mit Aussicht über die Stadt entstanden neben den ersten großbürgerlichen Stadtpalais mehrgeschossige Mietshäuser, was eine gewisse soziale Mischung bewirkte. Die Villa Bohnenberger in der Olgastraße ist ein gutes Beispiel für diesen Bautyp. Wenige Jahrzehnte später zog sich die Geldaristokratie in die freie Landschaft zurück, die Villa wurde zu einem Solitär in exponierter landschaftlicher Lage, umgeben von einem mehr oder weniger ausgedehnten Park, wie es die Villa Hauff auf der Gänsheide oder die Villa Gemmingen am Fuße der Karlshöhe heute noch beispielhaft zeigen.
Der Ausbau des Viertels zwischen Urban- und Olgastraße wurde in den sechziger Jahren des letzten Jahrhunderts mit der Anlage weiterer Diagonalstraßen fortgeführt, ausgehend seltsamerweise von der Rückfront der Staatsgalerie, die, tief unten an der Neckarstraße gelegen, in dem nun auszubauenden oberen Bereich dieses Viertels gar nicht sichtbar ist. In Fortführung der seitlich an der Staatsgalerie hinaufsteigenden Fußwege – der Maler- und der Kunststraße – entstand hier auf unregelmäßig ansteigendem Gelände der Urbansplatz als Erweiterung der die Staatsgalerie damals noch umgebenden Gartenanlagen.

Übersichtsplan von 1896 über die projektierten Stadterweiterungen.

Die Römerstaffel zur Zeit der Jahrhundertwende. Sie ist uns heute bekannt als Willy-Reichert-Staffel.

Kanonenweg

Heutige Haußmannstraße

Schon um die Jahrhundertwende war der Ausblick vom Kanonenweg (Uhlandshöhe) auf die Stadt beliebt.

Blick vom Kanonenweg auf Stuttgart. Ton-Holzschnitt, 17,3 x 25,2 cm. Holzschneider nicht bekannt.

Der Blick über die Stadt läßt den mühevollen Treppenaufstieg schnell vergessen.

Der Weinbau mußte der bevorzugten Hangbebauung für Bürgerhäuser und Villen weichen. Aber erst die Staffelanlagen wie die Sängerstaffel machten es möglich, losgelöst von der sonst üblichen Straßenbebauung die steilen Grundstücke zu erreichen.

Blick vom Bopser

Links Mauerreste der 1312 zerstörten Weißenburg, in der Mitte unten der Bopserbrunnen, allerdings höher gelegen als der spätere Bopserbrunnen. Von Stuttgart sind zu erkennen: Nordostturm des Alten Schlosses, Neues Lusthaus, Galgen, Stöckach-Wasserturm, davor Leonhards-Vorstadt mit den zwei Türmen des äußeren Esslinger Tors.

Matthäus Merian, 1593 – 1650, Blick vom Bopser auf Stuttgart, Kupferstich, 13,5 x 16,7 cm, 1624

Stuttgart hat viele Aussichtspunkte, einer der schönsten ist der Bopser.

Von der Stadtmitte aus kann man über unzählige Staffelaufgänge einen regelrechten Stäffelesspaziergang hinauf zum Bopser und zur Parkanlage bei der ehemaligen Weißenburg erleben.

Aussicht vom Haigst

Um 1830

Rechts der 1823 eröffnete Fangelsbachfriedhof. Die Gegend zwischen dem Tübinger Tor und dem heutigen Marienplatz war erst mit wenigen Häusern überbaut.

Eberhard Emminger, 1808–1885, Stuttgart von der Weinsteige, kolorierte Lithographie, 25 x 38,5 cm

Blick von der Haigststaffel auf der Höhe der Alten Weinsteige.

Das Vergleichsbild von heute zeigt uns, wie sehr sich Stuttgart im Laufe der vielen Jahre verändert hat, ja man könnte sagen, daß es fast aus den Nähten platzt.

Die Karlshöhe

Ganz links die 1938 abgebrochene Silberburg, rechts davon mit dem Turm die Villa Single, Mörikestraße 18, erbaut 1872 – abgerissen um 1910

Eberhard Emminger, 1808–1885, Stuttgart, aufgenommen am Wege nach der Reinsburg, um 1880, 31 x 53 cm, Farblithographie

Blick auf das heutige Stuttgart von der Karlshöhe, am oberen Ende der Willi-Reichert-Staffel

Der Park auf der Karlshöhe wurde 1889 aus Anlaß des 25jährigen Regierungsjubiläums von König Karl – mit Entstehen der ersten Villenbauten am Hang – durch den Stuttgarter Verschönerungsverein angelegt. Zugleich wurde der lange Staffelaufgang, die heutige Willy-Reichert-Staffel, ab der Hohenstaufenstraße gebaut. Charakteristisch für den Park ist die – nach Vorbild des englischen Landschaftsgartens – unregelmäßige Anlage, welche drei gekurvte Wege bestimmen. Sie führen aus drei Richtungen auf die aus einem alten Steinbruch hervorgegangene Senke in der Parkmitte zu, deren Südrand als architektonisches Versatzstück eine kleine steinerne Bogenbrücke mit Eisengeländer, Teil der Originalparkanlage, überspannt. Die zum Park führende Staffel, deren Teilstücke gegen die Mörikestraße durch einen zweiläufigen Antritt ausgezeichnet sind, ist in ihrer Bausubstanz einschließlich des Eisengeländers weitgehend original.

Kriegsberg

Conrad Schacher,
1831–1870,
Stuttgart,
vom Kriegsberg aus gesehen,
Farblithographie, 33 x 54 cm,
um 1866

Der Vergleich

„Stuttgart – vollgebaut zwischen Wald und Reben."
Nicht immer zeigt sich Stuttgart, von den Stäffele gesehen, im schönsten Gewand.

Ich bin von hier

Marcus Conradt

Neunzehnhundertsechsundfünfzig, nach Beendigung meiner Schulzeit, habe ich Stuttgart verlassen.
Ich hatte den festen Vorsatz, in diesem Leben nicht mehr wiederzukommen. Das klingt vielleicht ein bißchen dramatisch, aber genau so war es auch gedacht. Ich ging ja schließlich für immer.
Ohne je Heimweh gehabt zu haben, kam ich 1979 wieder. Ich hatte hier eine Arbeit angenommen, die ein halbes Jahr dauerte.
Danach bin ich dageblieben.
Zu Beginn hatte ich ein Quartier in Degerloch. Abends überkam mich regelmäßig das Bedürfnis, in die Stadt hinunterzugehen unter Leute – zum Griechen.
Ich fuhr nicht.
Ich ging.
Nach kurzer Zeit kannte ich mehr als ein halbes Dutzend Wege ins Tal. Im Verlauf weniger Wochen hatte ich mir eine ganz neue, sehr persönliche Begegnung mit Stuttgart über Weinberg- und Waldwege, verschlungene Gäßchen und immer wieder andere Staffeln behutsam ertappt.

Die Vielfalt von Ausblick und Einblick hat mich für die Stadt aufgeschlossen, mich dafür bereit gemacht hinzuhören, hinzusehen und sie ganz allmählich anzunehmen.
Immer öfter habe ich mich darüber gefreut, da zu sein, und schließlich war ich wieder in der Stadt.
Die Stadt hat mich wieder angenommen.
Auch von meiner jetzigen Wohnung aus kann ich für den Weg ins Tal unter drei verschiedenen Staffeln wählen, je nach Stimmung und Ziel.
Ich gehe fast täglich.
Das leichte Durchrütteln des Hirns beim Hinunterhoppeln belebt mich. Vielleicht bin ich sogar ein bißchen süchtig danach.
Es läßt sich beim Staffeln-talwärts-Gehen so schön denkeln, so rom ond so nom ond noa au widder so rom. Ond ob mr's glaubt odder net, manchmoal isch dabei oms Romgucka ein absolut unlösbares Problem bis faschd zur absoluten Lösbarkeit gereift.
Also praktisch wia en Foronkel kurz bevor'r platzt. Damit's oim abber net z'wohl wird, koa mr sicher sei, daß oim en so ama wunderbara Augablick grad rechtzeitig oiner von onda ruff entgegakeucht kommt.
Quasi als mahnend gekrümmter Zeigefinger, bleich, konzentriert mit noch enna grichtetem Blick, guckt der oder die mi so oms Verrecka net oa, daß i glei woiß, daß i mi z'arg g'freid han.
Vor a baar Joahr han i mi en so ama Fall emmer arg g'schämt.
Des hat jetzt Gott sei Dank noachglassa.
So hat halt alles seine zwei Seita.
Oinerseits hat seinerzeit scho der Hesse Goethe dem Schwaben Fauschd stellvertretend für alle Schwaben ins Stammbuch geschrieben:
„Wer immer strebend sich bemüht..." ond so weiter. Andererseits denk i mir, soll mr doch d'Himmelsleiter emmer bloß en Richtung Himmel benutza.
Verstehet se, was e moi?
Ond wenn en Schtuagert jetzt en Gotts Nama halt da Himmel em Tal liegt, muaß mr des halt amoal so nemma, wias isch.
Mir isch des arg recht.
Da Buckel widder nuff fahr i halt scho liaber mit dr Stroßaboa.
Doa dafür hemmer se doch schließlich au.

Verlogenheit und Putziges

Peter Härtling

Stuttgart, das ist eine Provinzstadt, die
ab und zu mal mehr ist. Das hängt
wohl immer von den Leuten ab,
die gerade da sind. Aller-
dings besteht die Neigung,
daß Leute, die da sind, nie-
dergebügelt werden.
Was gibt's noch?
Stäffele.

DIE STÄFFELESFURCH ZUM HIMMELREICH

Hans-Ludwig Enderle

Aber indes wir schaun und
die mächtige Freude
durchwandeln,
fliehet der Weg und der Tag
uns, wie den Trunkenen, hin.
Denn mit heiligem Laub
umkränzt erhebet die
Stadt schon,
die gepriesene, dort leuch-
tend ihr priesterlich Haupt.
Herrlich steht sie und hält
den Rebenstab und die Tanne
hoch in die seligen purpurnen
Wolken empor.
(Friedrich Hölderlin,
„Stuttgart")

I.

Hier wird eine Geschichte erzählt, die sich an einem schwülen Maitag des Jahres 1125 zugetragen hat. Natürlich wissen wir nicht, ob es an jenem Maitag wirklich so heiß war, und das Jahr wurde willkürlich – wenn auch mit Bedacht – gewählt, und die Mönche sind vielleicht ganz anders an die Arbeit gegangen, als es geschildert wird. Jedenfalls war der Weg für die Mönche steil und beschwerlich. Dieser Weg war immer eine Staffelfurche, und „Himmelreich" ist noch heute der schöne Name für die oberste und beste Lage eines Weinbergs, und der mag dann wiederum die erste Stufe sein zu jenem Himmelreich, in dessen Dienst sich die Mönche begeben hatten.

II.

Wir nehmen also an: Es ist Ende Mai 1125, etwa zwei Monate nach dem Fest Mariae Verkündigung (ab da werden die Reben aus ihrer „Decke" geholt) und zwei oder drei Tage nach dem Fest des Heiligen Urban, des hochverehrten Patrons aller geistlichen und weltlichen Winzer. Er war ein Schüler des Heiligen Gallus und hatte, nachdem er das Kirchlein auf der Cannstatter Altenburg gegründet, noch selbst die Schwaben gelehrt, wie der Weinstock erzogen werden müsse, damit er reiche Früchte trage.

Jetzt sehen wir, wie die Rems sich in ihrem breiten Tal dem Neckar zuschlängelt. Die Sonne ist gerade aufgegangen, die Luft noch kühl. Zwei Mönche kommen um eine Wegbiegung. Im Gegenlicht erkennt man weder ihre Tonsur noch das Erdbraun ihrer Kutten. Mit ihren am Nacken abstehenden Kapuzen wirken sie wie Scherenschnitte. Sie werfen lange Schatten und bewegen sich mit baumelnden Skapulieren nach Westen.

Sie waren im Kloster zu Lorch nach der Matutin, dem ersten Morgengottesdienst, aufgebrochen: Gregor und Hermann. Hinter ihnen trottet ein halbes Dutzend Laienbrüder, die einen großen, plumpen Wagen mitziehen. Im Wagen liegen Pickel, Rigolenhaue, Schaufel, Karst. Dann zwei Erdenbutten. Und eine Krebe, um Essen und Trinken hochzutragen.

Ihre Füße unter den Sandalenriemen werden feucht vom Tau. Sie müssen zu Fuß gehen, sie haben kein Zugtier, denn die Regel des Heiligen Benedikt erlaubt es nicht, mit einem Wagen zu fahren. Gregor, Hermann und ihr Gefolge gehen nun auf der alten Limesstraße (was sie sicherlich nicht wußten) Richtung Cannstatt. Von dort wollen sie dann in das Nesenbachtal einbiegen. Gregor und Hermann wollen prüfen, wie die Weinstöcke auf dem Wengert gedeihen, den sie vor drei Jahren angelegt hatten.

Die Rebblüte war bei der zu warmen Witterung wohl früher als an Johannis zu erwarten. Geschnitten, gebogen, angebunden hatten sie schon. Jetzt mußte gedüngt werden, man mußte felgen und rigolen, die Wasserabzüge ausräumen.

Gregor: „Es ist ein lehmiger Boden. Hoffen wir, daß die burgundischen Weinstöcke des Clos Vougeot dort gedeihen." Hermann: „Die Brüder aus Eberbach haben Erfolg mit dieser Art. Sie haben auch als erste Weingärten am Hang gradatim angelegt." (Unter Terrasse hätte Hermann etwas anderes verstanden als wir.) Sagt Gregor: „Wenn es dem Allerhöchsten gefällt, wird der Wein gedeihen. Beten wir dafür." Antwortet Hermann: „Es muß ihm wohl gefallen, hat doch unser Herr, als er auf Erden wandelte, gern den Weinberg zum Gleichnis genommen." Gregor: „So ist es: Das Himmelreich ist gleich einem Hausvater, der am Morgen ausging, Arbeiter zu mieten in seinen Weinberg – Matthäus, Kapitel 20." Hermann: „Ja, in vite vita."

Der Orden des Heiligen Benedikt verlangt kein Stillschweigen. Und so hören wir sie sprechen, wie auch wir es heute tun würden, zum Beispiel über Politik. Lorch, eine staufische Gründung, war jetzt ein Vierteljahrhundert alt, und natürlich waren sie überzeugte Parteigänger ihrer Stifter. Die beiden Mönche besprachen den Ärger der Staufer mit den Welfen. Das Gerücht eines zweiten Kreuzzugs ins Heilige Land verdichtete sich. Aber am meisten verwundert sie doch, daß soeben die Württemberger das Grafenamt im Remstalgau erhalten hatten. Ohnehin kam gerade der Wirtenberg mit der das Neckartal beherrschenden Burg in Sicht. Hermann und Gregor meinen, es sei jetzt eine Zeit des Aufbruchs, eine große Gründerzeit gekommen, wie schnell doch dieser Luxemburger Konrad von Wirtenberg nach seiner Heirat mit der Luitgard von Beutelsbach aufgestiegen sei, und der Staufer Heinrich III. sei jetzt König, aber ob die Staufer dem Wirtenberger trauen könnten? Und ein strengeres Weingesetz wollten die Staufer jetzt einführen, das sei gut so. Und so weiter. Sie näherten sich dem breiten Zugang zum Stuttgarter Tal und machten sich gegenseitig darauf aufmerksam, daß die Burg Berg – an der Mündung des Nesenbach in den Neckar – jetzt fertig und bezogen sei. Die Sonne war höher gestiegen, der lange Weg und die ungewöhnliche Wärme hatten die Mönche und Laienbrüder nun doch ein wenig erschöpft, und die Versuchung war stark geworden, jetzt, wo das Stuttgarter Tal – das natürlich noch nicht diesen Namen führte – erreicht war, eine Rast einzulegen. (Obwohl wir uns gar nicht vorstellen können, welche Strecken im Mittelalter zu Fuß bewältigt wurden.) Die

Arbeit, die sie erwartete, war hart, der Anstieg zum Weinberg würde mühsam werden, und es lag auch wohl noch eine gute Stunde Wegs vor ihnen. Allein, sie rasteten nicht, ja sie gingen sogar schneller, so, als übe die lichtüberflutete, grün wogende Talaue auf sie einen Sog aus.

„Ite, ite, instituere vinetum domini" ruft Gregor in Lorcher Küchenlatein. Der Talboden war sumpfige Wiese, die bis zu 250 Meter hohen Berge waren von Mischwald bedeckt, und hie und da führten Stufen zu einem gerodeten Inselchen, vom Fuß der Hügel aufsteigend. Die Klöster von St. Gallen, Bebenhausen, Blaubeuren hatten immer wieder durch eine Stiftung ein Stück Land erhalten und es gerodet und begonnen, Rebstöcke zu setzen.

Und jetzt sehen die Lorcher ein Gehege mit allerlei Tieren, Gregor erinnert es an die Arche Noah, nicht das Gehege, sondern das feste Gebäude, das inmitten des Tiergartens auf einem aufgeschütteten Hügel steht. Die neue Wasserburg des Bischofs von Metz – Hermann kann sich vor Verwunderung kaum fassen. Sein Vater war Aufseher im Stuthaus gewesen.

Der Bischof hatte das alte Haus, das auf einem aufgeschütteten Hügel – Motte nannte man das – stand, abreißen lassen, den Nesenbach um den Hügel geleitet. Ja, und jetzt ist da ein richtiges, festes Schloß; der große Tiergarten und das Gestüt schlossen sich an.

Dann reißen sie sich los, gehen vorbei am Dorf Tunzhofen, in dem vor wenigen Jahren von den Lorchern ein kleiner Klosterhof errichtet worden war, und eilen zu dem Berg im Norden, auf dem der Klosterbesitz liegt, den es jetzt weiter zu erschließen gilt. Bald würde er „Münchhalde" genannt werden.

III.

Ab jetzt beginnt die Arbeit. Die Laienbrüder werkeln zuerst noch mit Schere, Messer und Weidenruten, um die Bögen besser am Pfahl festzubinden. Später bessern sie die Wassergräben aus und fangen an, eine kleine Hütte fürs Gerät zu bauen.

Hermann ist plötzlich müde: „Viel zu heiß für den Mai", sagt er zu Gregor. Dann nimmt er einen Schluck Wasser aus der gefaßten Quelle. Setzt sich an ein Mäuerchen, schaut hinab ins Tal, die Augen fallen ihm zu. Und schon steigen Bilder in ihm auf, zuerst sieht er sich mitten in der mächtigen Wanne des Tales stehen, sieht, wie sich eine Terrasse um die andere in die Hügel kerbt, wie das Negativ einer gewaltigen Stufenpyramide. Wie in der Mitte eines riesigen Amphitheaters steht er und schaut hoch zu den Rängen. Und die vielfältigen Linienzüge der Horizontalen werden geschnitten von den vertikalen Furchen der Staffeln. Alles dreht sich um ihn, es ist wie auf einem Karussell (Pyramide, Amphitheater, Karussell – alles Dinge, die Hermann nicht kennt), und auf einmal kann er fliegen wie ein Engel, und schon sitzt er hoch oben auf dem Himmelreich (das heute noch so heißt). Sieht weit unter sich seine Brüder im Weinberg des Herrn arbeiten. Er sucht einen Ruhepunkt im Tal und findet ihn in der Wasserburg auf ihrer bachumflossenen Kuppe, rechts davon entdeckt er die Kapelle, davor, talabwärts, den großen Tiergarten. Doch kaum hat er den Blick fixiert, kommt alles schon wieder in Bewegung: Er sieht, wie sich Giebelspitzen im Talgrund entlang dem Nesenbach aufrichten, sich Gassen bahnen um die Wegmündungen vom Hasenberg. Ein Ort mit dem Grundriß eines Fünfecks entsteht, dessen Spitze zum Südflügel der Burg weist, und ganz warm wird ihm ums Herz, als er sieht, wie ein prächtiger Chor an der Stiftskirche erbaut wird, er sieht, wie die Stadt erstmals, im wörtlichen Sinne, ausufert, iuxta ripam, auf der anderen Seite des Bachs wächst die Leonhardsvorstadt mit der zweiten Kirche, schon wird aus der Wasserburg ein trutziges Schloß, voller Freude sieht er davor einen italienischen Garten in geometrischen Formen. Eine neue Vorstadt entsteht, und er staunt: in schönster Ordnung wie ein Schachbrett, kein Straßengewirr, und jetzt schon steht die dritte Kirche in der Reichen Vorstadt im Norden, begrenzt von drei großen Seen, einer Stadtmauer, Türmen, vielen Toren. Menschen, Kutschen, alles wuselt durcheinander, große Plätze, ein zweites Schloß, ein großer Park, und jetzt ist der Talgrund voll mit Häusern, auch großen, Säulen sind zu erkennen, Brunnen, künstliche Seen. Das ist wie ein Wasserspiegel, der steigt, wie ein Hochwasser, das aber nur an den Seiten über sein Bett tritt, und wo Weinberge waren, stehen schloßartige Villen mit Türmen und Kuppeln, und noch mehr Häuser wachsen heran, aus den Staffeln werden schwungvolle Treppen mit Absätzen wie kleine Plätze, Straßen führen jetzt mit kühnen Kehren hügelauf, und dann kommt Hermann ein solches Summen und Rauschen aus dem großen Talkessel ins Ohr, daß er erwacht.
Gregor: „Du bist eingenickt." Hermann, dem der Schweiß auf dem Gesicht steht: „Ich hatte eine Vision." Gregor: „Doch nicht wie einst der Bruder Wetti auf der Reichenau?" Hermann: „Nein, nichts über Himmel und Hölle. Es war nur, als ob tausend Jahre im Nu vergangen wären und die Menschen dieses Tal ausfüllten und besiedelten, und es wird zu eng, und sie bauen die Berge zu und über die Berge hinaus, und es gibt nur noch Häuser und Straßen und Menschen, und das wogt auf und ab und wächst und nimmt kein Ende..." Hermann: „Ein apokalyptischer Traum."

IV.

Die Laienbrüder hatten inzwischen die Staffeln zum Weinberg neu befestigt und die kleine Hütte fertiggebaut. Die ersten Wolken eines Frühlingsgewitters zeigen sich über dem Tal. Es ist später Nachmittag. Zum ersten Abendgebet, der Vesper, wollen sie in der winzigen Kapelle des Klosterhofes von Tunzhofen sein.
Wind kommt auf. Sie steigen die Staffelfurche hinab. Es beginnt zu blitzen und zu donnern. Hinter der schrägen Schraffur einer Regenwand sehen wir ein paar Gestalten, mit Kapuzen bedeckt, die mit einem Wagen den Nesenbach entlangziehen. Dann sehen wir sie nicht mehr. Donnerschläge hallen durch den Kessel. Die Tiere des Gartens sind verstummt. Einsam liegt das Tal unter dem rauschenden Regen.

137 STUFEN

Felix Huby

Ernst Bienzle kannte die Stadt gut. Das war schon manchmal von Vorteil für ihn gewesen; wenn es zum Beispiel darum ging, sich die möglichen Fluchtwege eines Verdächtigen oder eines überführten Täters vor Augen zu führen.

Nicht selten spielten Stuttgarts über vierhundert Staffeln dabei eine wesentliche Rolle; denn sie konnten einem Flüchtenden helfen, Wege abzukürzen und motorisierte Verfolger schlicht scheitern zu lassen.

Bienzles besondere Stadtkenntnisse ermöglichten es ihm, die Treppen in der Regel so anzugehen, daß er sie von oben nach unten beschreiten konnte und sich nicht mit keuchendem Atem, Seitenstechen und erlahmenden Beinmuskeln hinaufquälen mußte. Er wußte wohl, daß es Leute gab, die diese langen Treppen als göttliche Prüfung für den Menschen betrachteten. Die Staffeln waren wie ein Wahrzeichen des Pietismus: Man kam nur hinauf, wenn man unterwegs kräftig gelitten hatte. Oben erreichte man zwar nicht gleich das Paradies, aber man wurde doch durch einen herrlichen Blick über die Stadt belohnt. Wolkenschau und Brettlesbohre lagen bei den Schwaben schon immer dicht beieinander, bloß daß das Brettlesbohre immer vor der Wolkenschau liegen mußte!

Bienzle hatte die Angewohnheit, die Treppenstufen zu zählen, wenn er eine der Stuttgarter Staffeln hinabging. Verzählte er sich einmal, machte er sofort kehrt, um nochmal von vorne anzufangen – und so kam es, daß er gelegentlich doch auch einmal aufwärts steigen mußte.
Und noch eine Eigenart hatte Bienzle: Er machte sich Orakel etwa in der Art: „Wenn's bis zum nächsten Treppenabsatz mehr als 50 Stufen sind, geht heute alles gut!"

All dies ging Ernst Bienzle durch den Kopf, als er, von der Innenstadt kommend, in die Sonnenbergstraße einbog und kurz danach den Blinker setzte, weil er die Stafflenbergstraße hinauf wollte. Er war gerade am Charlottenplatz gewesen, als er die Durchsage „An alle!" gehört hatte. Ein bewaffneter Täter war in ein Haus an der Sünderstaffel eingedrungen, hatte eine Frau mit der Waffe bedroht, niedergeschlagen und den ganzen Schmuck und alles Bargeld mitgenommen. Offensichtlich war die Frau zäher, als der Täter gedacht hatte; denn die Haustür war noch nicht hinter ihm ins Schloß gefallen, da hatte sie schon die Polizei alarmiert. Die Frau hatte allerdings keine Angaben darüber machen können, in welche Richtung der Räuber getürmt war.

Bienzle dachte nicht lange darüber nach. Er glaubte schlicht zu wissen, welchen Weg der Missetäter genommen hatte. Die meisten Menschen waren wie er – sie suchten sich den bequemeren Weg – ganz selbstverständlich. Und daß der Einbrecher ein Pietist war, nahm Bienzle nicht an.

Trotzdem fuhr er jetzt die Stafflenbergstraße hinauf zum oberen Ende der Treppe. Aus Erfahrung wußte er, daß Kriminelle meist einen ziemlich hohen Intelligenzgrad besaßen.

Mit der Beschreibung des Täters war nicht viel anzufangen. Er trug Jeans und irgendeine Jacke, die nicht näher beschrieben worden war.

Bienzle stellte den Wagen ab und stieg aus. Der Mann, der die Staffel herauf auf ihn zukam, war ziemlich außer Atem. Er trug einen dieser bunten Kunststoffrucksäcke, den er allerdings nur nachlässig an einem Riemen über die rechte Schulter gezogen hatte.

Bienzle vertrat dem Mann den Weg. Er schätzte ihn auf etwa 40 und nicht besonders sportlich. Der Mann hob den Kopf. Bienzle sagte: „Wieviel Stufen sind's eigentlich von da unten rauf?"

„137", sagte der Mann wie aus der Pistole geschossen. Er hatte die gleiche Angewohnheit wie Bienzle: Selbst wenn er es eilig hatte, zählte er die Stufen. Bienzle nickte zufrieden. Er wußte, daß es von der Pfizerstraße aus mehr als 240 waren, also mußte der Mann später eingestiegen sein – und Bienzle ahnte, was der Verbrecher gedacht hatte: Alle werden annehmen, daß ich die Treppe runterrenne. Tatsächlich hörte man in diesem Augenblick von unten das Martinshorn eines Polizeiwagens. Das Blaulicht war wegen der dichten Laubbäume, welche die Staffel säumten, nicht zu erkennen.

Der Mann wollte weiter, aber Bienzles massiger Körper versperrte ihm den Weg. „Also, ich lauf' die Staffle lieber nonder als nauf", sagte Bienzle. Der Mann machte einen Schritt zur Seite, Bienzle bewegte sich in die gleiche Richtung. „Ich könnt Sie a Stückle im Auto mitnehme", sagte Bienzle, „oder wollet Sie z'Fueß nauf bis zum Bubebad?"

Der Mann schaute sich gehetzt um. „Was wollen Sie eigentlich von mir?" fragte er mit noch immer kurzatmiger Stimme.

Bienzle wiegte seinen schweren Kopf hin und her. „Wenn Sie noch a bißle weiter gedacht hätten, hätten Sie begreife müsse, daß oiner genau so denkt wie Sie: Alle denket, der rennt nach unte, aber ein gewiefter Polizist denkt, weil alle des denket, wird er denke, i spring 'naufzues. Und wenn des der Verbrecher bis dahin auch denkt, dann müßt er eigentlich nonder – scho deshalb weil's schneller geht. Aber für so gscheit han i Sie no au wieder net g'halte, sonscht hättet Sie ja vielleicht doch en andere Beruf."

Der Mann riß seinen Rucksack von der Schulter und wollte hineinfassen. Bienzle lachte einen Schochen hinaus. „Sag bloß, Sie hent Ihr Waffe mit dem gschtohlene Schmuck en Ihr Rucksäckle nei!"
Unwillkürlich nickte der Mann. Bienzle log: „Ich hab meine im Schulterhalfter ond ruckzuck drauße, aber so viel Aufsehe brauchts ja vielleicht gar net!" Vorsichtshalber griff Bienzle unter seine Jacke und kratzte sich ein bißchen am Bauch – dort, wo eigentlich die Walther PK hätte stecken müssen, aber das Ding war halt meistens arg hinderlich.

Daß der Mann resignierte, sah Bienzle an seinen Augen, noch ehe er die Arme sinken ließ.
Handschellen hatte der Kommissar zum Glück dabei. Er fesselte den Mann und bat ihn, in den zivilen Dienstwagen einzusteigen. Dann nahm er den Hörer seines Funkgeräts und meldete sich: „Hier Hauptkommissar Bienzle, ich hab euern Einbrecher!"

Ein bißchen schämte er sich dabei, wenn er auch nicht wußte, warum.

Zum Schnaufen und Staunen

Peter Meroth

60 000 Quadratmeter groß, fast 30 Kilometer lang, ein städtebauliches Biotop.

Wenn irgendwo vergessen wurde, eine Pfütze trockenzulegen, eine Hecke abzuholzen oder einen morastigen Graben zu kanalisieren, dann sagen die Umweltschützer „Biotop" dazu.
In Stuttgart gibt es aber auch noch Biotope aus Stein, Beton, Mörtel, Stahl und Schmiedeeisen, architektonische Schlupfwinkel in einer kahlen, glatten, abweisenden Verkehrslandschaft mit ihren Hochgeschwindigkeitsschneisen und elektronisch geregelten Fußgängerfallen.
Was ist das: Es ist schmal, lang und steil, taucht immer dann auf, wenn's bucklig wird und zeigt der Planierraupe die harte Kante, tausendfach. Das sind die Stuttgarter Stäffele. 60 000 Quadratmeter Staffeln soll es in Stuttgart geben. Aber das sagt noch gar nichts. Fast 30 Kilometer sind die Treppenwege lang – und auch das ist nur die halbe Wahrheit. Wie's wirklich ist, muß man einmal selbst ermessen, Stufe für Stufe. Nicht zählen, nicht beckmesserisch hochstapfen! Das Stuttgarter Staffelwunder muß man erleben. Wie's einem den Blick herumreißt, wenn man am Ende der Rotebühlstraße zur Reinsburgstraße hinaufschnauft. Da liegt einem die ganze Stadt zu Füßen. An strahlenden Sommertagen ist das Wunder blau. Es kann auch graugelb sein – an schwülen Tagen, wenn sich kein Lüftchen regt. Meist aber ist die Welt entlang der Staffeln grün. Büsche und Bäume schirmen die versteckten Treppenpfade ab. Manchmal liegen sie so versteckt, daß auch die Zeit an ihnen vorübergeht. Die Hasenbergstaffel zum Beispiel ist ein vergessenes, dunkles Loch zwischen zwei Gartenzäunen, ein Mauerblümchen unter den Staffeln, ein Biotop unter Biotopen.
Ihre Legende lebt in Archiven fort: 240 Meter, 308 Stufen, die längste der Staffeln und die steilste. Das war, bevor im Röckenwiesenweg gebaut wurde, bevor am Jägerhausweg ein Parkplatz angelegt wurde. Jetzt ist sie zerstückelt und wird kaum mehr benutzt.
Es gibt noch andere Staffelgeschichten, gruselige, um die frühere Hexenstaffel oberhalb der Blumenstraße. Nun ist sie aber halb zugebaut, und oben steht ein Krankenhaus, das nach einem Teich in der heiligen Stadt Jerusalem, Bethesda, benannt ist. So was tilgt den stärksten Hexenzauber. Aber die Sünderstaffel existiert noch. Von der Pfizerstraße führt sie hinauf zur Stafflenbergstraße und zur Gänsheide.
An der oberen Plattform, von der man durch eine kleine Lücke im Laubdach hinüber zum Killesberg gucken kann, soll einmal der Galgen gestanden haben. Gedenksteine mahnen die Bösewichter zur Umkehr. Wenn sie trotzdem weitergehen und beim Anstieg auch die letzten Stäffele noch schaffen, kommen sie ins chemische Untersuchungsamt der Landeshauptstadt.
Sogar Neckisches rankt sich um die Stäffele. Der Königin Olga ist's zu danken. 1890 hat sie, die Eugenstaffel überragend, einen Brunnen bauen lassen mit einem Standbild der Galatea, einer griechischen Meernymphe, die von der bildenden Kunst in Beschlag genommen war – quasi als Schutzpatronin der Aktmodelle.
Natürlich fanden sich einige Stuttgarter – warum sollte das Ende des vorigen Jahrhunderts anders gewesen sein –, die an der nackten Schönheit Anstoß nahmen. Die Aufregung ließ erst nach, als die Königin drohte, die Figur so drehen zu lassen, daß sie den Moralaposteln künftig den Hintern zuwende. Zu Füßen Galateas plätscherte einst auch ein kleiner, künstlicher Wasserfall, der aus dem Brunnen gespeist wurde. Nun fließt kein Tröpfchen mehr, und auf den Wasserstufen staut sich der Müll.
Wo sind überhaupt die Dichter geblieben? Für so nette Stäffele gehört es sich doch einfach, daß sie besungen werden! Aber was hört man statt dessen? Einen Treppenwitz der Staffelgeschichte: Die Kernerstaffel und Kerners Lied „Dort unten in der Mühle" haben eine Beziehung zueinander. Aber nicht der Dichter hat sich beim Treppentrippeln inspirieren lassen, sondern umgekehrt, die Staffel soll das Lied symbolisieren – eine fein abgestufte Dichterehrung.
Ansonsten sollen ja die Stuttgarter Staffeln aus steilen Weinbergtreppen hervorgegangen sein. Komisch eigentlich, daß es dann ausgerechnet im Osten so viele gibt. Die Gärten dort dürften doch bestenfalls ein gutes Essigquartier gewesen sein. Oder die Wengerter haben schon zu alten Zeiten gepanscht. Hauptsache, wir haben unsere Stäffele. Und unser Viertele.

Stäffeles-Kompromiss

Emil Obermann

Wer in Stuttgart wohnt, betritt sein Haus entweder vom „Trottoir" aus oder über ein Stäffele. Nun hatte der Bombenkrieg nicht nur die Stadt, er hatte auch viele Stäffele zerdeppert, ein zusätzliches Malheur. Noch Anfang der fünfziger Jahre waren die Verwaltungsgerichte mit den Kriegsfolgen befaßt; als Beisitzer bekam ich damals Kenntnis von einem Streitfall wegen eines Stuttgarter Stäffeles. Bomben hatten das „Stäffele" nicht gerade zerstört, aber doch nur noch mühsam passierbar gemacht.

Der Anlieger, von dem die Stadt die Reparatur seines Stäffeles verlangte, war ein waschechter alter „Stuagerter", solide, erfüllt von Gerechtigkeitssinn, aber eben „päb". Er weigerte sich beharrlich, dem „Befehl" nachzukommen, mit dem – richtigen – Hinweis, nicht er habe das Stäffele kaputtgemacht, sondern der Krieg, also Hitler, der Staat. Dieser oder die Stadt sollten das Stäffele gefälligst selber reparieren, er trage keine Schuld, im Gegenteil, er habe täglich unter der Malaise seines einst wunderschönen Stäffeles zu leiden.

Das Gericht hatte zwischen der Position der Stadt und der dieses älteren, sympathischen Bürgers zu entscheiden. Zweifellos stand das Gesetz auf der Seite der Stadt: Jeder Hauseigentümer hat seinen Zugang, ob nun Gehweg oder Stäffele, selbst instand zu halten. Der Rechtsrat der Stadt befürchtete eine Prozeßlawine ohne Ende und beträchtliche Kosten dazu, wenn er nachgäbe.

Wir Laienbeisitzer beim Verwaltungsgericht Stuttgart drängten trotzdem auf einen Kompromiß, der dann auch zustande kam: Der Bürger am Stäffele sollte das Material für die Reparatur besorgen, und die Stadt stellte mit ihren Arbeitern das Stäffele wiederher. Gesunder Menschenverstand, historische Gerechtigkeit und Bürgersinn waren in Einklang mit dem Recht gebracht, ein Stuttgarter Stäffele war gerettet.

SISYPHUS AUF DER STAFFEL

Yüksel Pazarkaya

Johannes Poethen zugeeignet

Ich stehe gedankenverloren am Fuße der Staffel. Zähle schon lange nicht mehr, zum wievielten Mal. Stehe da und denke an die Zeilen:

Langsam wirst du diese Treppe
hinaufsteigen,
An deinem Saum ein Haufen
sonnenfarbener Blätter.
Und einen Augenblick
wirst du weinend zum Himmel
hinaufsehn.

Langsam, dieses Wort will ich nicht vernehmen. Ich sehe zur ersten Stufe und beginne, federnden Schrittes hinaufzusteigen. Der Handlauf zur linken geleitet mich, umsäumt vom üppigen Grün, das sich von Stufe zu Stufe wuchernder über mich senkt.

Der erste Teil kaum ist erstiegen. Ich erreiche schweren Atems den Treppenabsatz, bleibe stehen, hole Luft. Niemand außer mir steigt hinauf. Nicht an die Einsamkeit denke ich, sondern daran, daß es ein unvorstellbares Vergnügen sein müsse, wieselleicht hinunterzutrippeln. Dann wäre die Staffel erst schön.

Ein junger Mann kommt von oben, tänzelt auf dem Treppenabsatz mit zwei Schritten an mir vorüber, wieder auf den Stufen dreht er sich kurz um, wirft mir einen Blick des Bedauerns zu, und im Nu ist er dann ganz unten und verschwindet aus meinem Blick. Ich sehe ihm nach, hebe den Blick, gewahre durch das bunte Laub und Geäst fragmenthaft die Stadt im Kessel, mich erfüllt eine brennende Sehnsucht nach ihr, ich bilde mir ein, sie gesehen zu haben. Ich sehe zum Himmel. Ein Stück blankes Blau, spitzenartig umrissen von den Blättern der Bäume.

Wieder normal atmend schaue ich auf die Stufen vor mir. Auch die Stockung in meiner Brust hat nachgelassen. Die Selbsttäuschung wird aber gleich auf den ersten Stufen schmerzlich spürbar. Ich steige die Stufen nun langsamer hinauf, will es mir aber immer noch nicht eingestehen, täusche mir jugendliche Geschmeidigkeit vor und muß nach wenigen Stufen wieder stehenbleiben. Ich halte mich fest am Handlauf, spüre die Kühle des Eisenrohrs und bin froh um diese Stütze. Das rasche Schnaufen will mich ersticken. Plötzlich habe ich das Gefühl, mit einem gebückten Rücken dazustehen. Ich denke, es wächst mir ein Buckel, der spürbar anschwillt und schwerer wird.

Ich drehe mich um, die Treppen, die mir gerade wie eine Mauer vor den Augen standen, fallen jetzt steil hinab. Vor mir ist jetzt freier Raum, das Stadtfragment ist etwas gewachsen, aber auch etwas verschwommen im Kesseldunst. Ich fühle mich nicht mehr beengt und bedrängt. Mir widerstrebt es aber auch, mich wieder zu den Stufen zu wenden. Ich denke, dann würde ich mit dem Kopf gegen die Steinkanten stoßen. Mich zieht es hinunter, doch ich muß hinauf.

So lange ich mich in dieser Stadt zurückerinnern kann, steige ich diese Stufen hinauf, in der Hoffnung, oben anzukommen, mit der Aussicht auf die ganze Stadt. So lange ich mich zurückerinnern kann. Plötzlich versperrt sich mir mein Gedächtnis. Ich kann mich kaum zurückerinnern, oder habe ich gar keine Geschichte, gar keine Vergangenheit und Erinnerung an diese Stadt? Ich vernehme leichte, behende Schritte hinter mir. Ehe ich mich umsehe, spüre ich die angenehme Brise eines Mädchens, das sportlich hinunterhüpft. Sie dreht sich nicht einmal nach mir um. Meine Blicke, neidvoll hingerissen, haften auf ihr, bis sie unten anlangt, um die Ecke biegt und verschwindet. Ich starre ins Leere. In diese gedächtnislose Leere fallen Zeilen wie ein Rettungsseil:

Die Wasser wurden gelblich ...
Blasser mehr und mehr dein
Gesicht ...
Sieh den roten Horizont, es wird
Abend ...

Ich muß weiter hinaufklettern, ich muß oben sein, bevor es Abend wird, bevor sich das Dunkel herabsenkt auf mich und die Stadt. Ich möchte wenigstens den Sonnenuntergang von oben betrachten, die Farben der Stadt im Abendrot sehen.

Mir wächst tatsächlich ein Buckel. Ich will ihn mit der Hand berühren, aber meine Hand ist angeschweißt am Handlauf, die andere hängt schwer herab. Ich verrenke den Arm, aber die Hand reicht nicht bis zum Rücken. Mein Rücken flieht von mir mit einem ständig anschwellenden Buckel.

Ich steige wieder die Stufen. Ich schleppe jetzt nur noch die Füße von einer Stufe zur anderen, die angeschweißte Hand am Handlauf. Und der Buckel wird immer schwerer, den Fuß zu heben immer unmöglicher. Ich muß aber weiter. Die Abenddämmerung verdichtet sich von Stufe zu Stufe. In meinem Geist verbreitet und verdichtet sich ein Nebel. Ich muß stehen, drehe mich zur Stadt, sie ist ein Dunstmeer, in das die Abendsonne scheint. In dieses Bild spricht eine geistige Stimme:

Zur Erde geneigt verbluten,
Stets verbluten die Rosen,
Auf den Zweigen, wie Flammen,
Blutige Nachtigallen,
Brennen die Wasser?
Warum gleicht der Marmor
Der Bronze?

Eine Gestalt huscht an mir vorüber, löst sich in der Dämmerung auf und verschwindet.

Ich sammle die Reste meiner Kraft und meines Willens und steige die Stufen weiter. Wie schnell wächst mein Buckel zum Himmel, seine Spitze verschwimmt ins Abenddunkel. Ich muß jetzt nicht nur meinen eigenen Buckel von Stufe zu Stufe schleppen, sondern auch den ganzen Himmel und die ganze Welt. Vor meinen Augen wird es immer dunkler, schließlich ganz schwarz. Ich schließe die Augen. Jetzt blinzeln rote Sternchen, und in meinen Ohren tönt eine Stimme:

Eine geheimnisvolle Sprache erfüllt
Die Seele,
Sieh den roten Horizont,
Es wird Abend ...

Ich möchte zum Horizont sehen, ich möchte die Stadt sehen. Versuche die Augen zu öffnen. Rundherum tief schwarz. Wo geht's hinauf? Wo geht's hinunter? Ein Schritt, und mein Buckel rollt wie eine Lawine hinunter ...

Als es wieder dämmert, finde ich mich ganz unten am Fuße der Staffel wieder. Ich richte mich auf. Ich muß hinaufsteigen, die Stadt zu sehen in ihrer ganzen Schönheit, in ihrer ganzen Pracht. Denn ich weiß, es gibt sie, diese Stadt. Ich habe sie doch einmal gesehen, als ich hierher gekommen bin. Oder bilde ich mir das nur ein? Gibt es vielleicht diese Stadt gar nicht in dieser Stadt?

Ich stehe gedankenversunken am Fuße der Staffel. Zähle schon lange nicht mehr, zum wievielten Mal. Stehe da und denke an die Zeilen:

Langsam wirst du diese Treppe
hinaufsteigen,
An deinem Saum ein Haufen
sonnenfarbener Blätter.
Und einen Augenblick wirst du
weinend zum Himmel hinaufsehn.

A Schdäffales- on Drebbatexdle

Helmut Pfisterer

Hin- on Herwegh-
Von dr Sünder- zur Himmelsschdaffl
on omkehrd
a wa
des sen doch ned bloß
d' Hasa-, d' Mönchs- on d' Weibergschdaffla
wos ruff on nonder gohd
raus ausam Kessl on nei en da Kessl
des sen doch ned bloß
d' Buachahof-, Buchwald-, Burghalda-, Dürrboe-, Ehrahalda-,
Ernschd-Schädle-, Fahrio-, Friedrich-Wolf- on Haigschdschdaffla
des sen doch ned bloß
d' Happold-, Herder-, Hessalau-, Krieger- on d' Lischdschdaffla,
ned bloß d' Lorenz-, d' Mannheimer, d' Novalis- on d' Schdraußschdaffla
ned bloß d' Dauba-, d' Wächder-, d' Willi-Reicherd- on d' Widdlohschdaffla
on d' Eugen-, d' Sänger-, d' Röte- on d' Hin- on Herweghschdaffla,
wo dia na au no a Schdiggle Schdroß drzua hend
Des sen doch ned au bloß dia wos en Schduegerd ruff on naa
nonder on nuff gohd
wo d' Kender freihändich uffam Gländer nonderrudschad
on dene jonge Vädder 's Kendle ieber dr Kenderwaga nausschiaßd
„Machd nix machd nix, kleine Kinder wie Gummi"
oder wo dia jonge Kerle
dia Drebbaabsädz uff de Rollschuah naushobfad
„On da drwega sen dia Granggahäuser so deuer!"
(obwohl gar nex bassierd isch)

A wa!
Des sen doch ned bloß dia Schdäffala hussa
wo em Wender womeeglich ned emol gschdräud wird
on ned kehrd
on ieberhaubd nex
a wa
da sen doch no dia Schdäffala ganz enna drenna:
dia Drebba hald
dia Drebba on Schdiaga on Schdufa on Absädzla
aus Holz on Terrazzo on Beddoo on Marmor mid Debbich druff oder au ned
wo au em Wender gsaugd on budzd werdat
on naß nausgwischd midema Soifabülverle em Budzwasser
on koene ronde Egga fei!
on d' Eiseschdäbla abgschdaubd
on dr Handlauf eigwaxd
on wo fei jeder drakommd!
on a Ordnong herrschd!
on wo se hald au dr Uffzug nemma soddad
schdadd oem ens Frischbudzde neidabba
aber womeeglich dean se 's zom Bossa!

Also dia Drebbaschdäffala enna em Haus
em obends on em samschdichs
– „Mach dein Drebbadienschd,
und ich weiß wer Sie sind!" –
Also dia Budzlombaherzschdäffala
wöllad mr doch ganz gwieß au ned vrgessa
wemmer an onser liabs Schduegerd denggad –

Der Blick fliegt

Johannes Poethen

Der Blick fliegt. Die Füße müssen laufen. Mühsam. Aber voll Verdienst, gleichsam gottgewollt: Es gibt 450 Stäffele in Stuttgart (so steht zu lesen). Oft sind sie schmal, meist sind sie steil, nicht selten überwachsen. So zwingen sie dich, Schritt um Schritt, empor, langsam, aber stetig. Ausblick gewähren sie selten von unterwegs, der Blick bleibe gesenkt, Gelegenheiten zur Muße gibt es kaum, es mahnt und drängt: Streng dich an, der oben wird dir's lohnen. Die Stäffele: Ur-Symbole des Pietismus. Auch er, wer mag es bezweifeln, hat Stuttgarts Charakter mitgeprägt: Gottesfurcht und Geschäft, Bibeltreue und Sparzwang, Gott und Geld, Gott schafft, mir schaffet au. Literatur, Kunst, Musik – wenn es denn sein muß, wenn es denn fromm klingt und ausschaut und nicht ablenkt, wenn es bildet, wenn man was heimtragen kann. Sonst ist es ein Teufelswerk.

Einladung zur Stadtwanderung

Werner Sonntag

Mit seiner Deutschlandwanderung von Hohwacht an der Ostsee nach Garmisch-Partenkirchen – an 45 Tagen, zwischen Oktober 1979 und Oktober 1981 – wollte Bundespräsident Karl Carstens seine Mitbürger ermuntern, sich durch Wandern die Schönheiten deutscher Landschaften zu erschließen. Gemessen an der Gesamtstrecke von 1129 Kilometern, so stellte der Autor fest, habe sich das Staatsoberhaupt jedoch nur wenige Schritte durch Städte bewegt. Das ermutigte Werner Sonntag 1983 zu diesem offenen Brief.

Sehr geehrter Herr Bundespräsident,

diesen Brief werden Sie nicht lesen; aber da er an Sie als Wander-Instanz gerichtet ist, wird sich Ihr Wanderreferent seiner annehmen. Ich weiß, daß es diesen Titel im Stellenplan nicht gibt; aber ich weiß, daß es den Wanderreferenten gibt, und ich hoffe, daß er eine Institution wird. Deshalb schreibe ich diesen Brief (und nicht, weil ich gerade ein Viertele Uhlbacher geschlotzt habe). Denn ich möchte, daß Sie in Ihre Wanderpläne auch die Stadtwanderung einbeziehen.
Auf Ihrer Deutschlandwanderung – so haben Sie mir, als ich mit Ihnen wandern durfte, erzählt – sind Sie eben nicht durch die Städte gewandert: Am nördlichen Ortseingang von Lübeck beispielsweise haben Sie an einem Wochenende aufgehört und die Wanderung später am südlichen Ortsausgang fortgesetzt. Vielleicht zeigten sich unsere Städte menschlicher, wären wir rechtzeitig genug in ihnen gewandert.
In Stuttgart kann man noch wandern, richtig wandern wie in wenigen vergleichbaren Städten. Das ist nicht das Verdienst der Stuttgarter und auch nicht das des Verbandes Deutscher Gebirgs- und Wandervereine, der in Stuttgart seinen Sitz hat. Die Topographie hat dafür gesorgt. Will man aus dem Talkessel heraus auf die Höhen fahren, kommt man um viele Windungen und langgestreckte Steigungen nicht herum (weshalb Stuttgart auch keine radfahrerfreundliche Stadt ist; es gibt zwar eine Zahnradbahn, doch der Lift für Radfahrer ist noch immer nicht installiert).
Der Fußgänger hingegen kraucht, so er noch genügend schnaufen kann, auf kurzem Wege empor, die „Stäffele" nämlich – Treppen, deren Vorläufer die Stufen durch die Weinberge und Gärten waren. Als der Fußgänger noch minderjährig war, rutschte er winters über die vereisten, einstmals flachen Stufen auf dem Hosenboden herunter (sagt er), und davon kommt der Spitzname „Stäffelesrutscher" für die Stuttgarter Lausbuben. Ich will diese Stadt nicht, die – Beton und zugenäht – keine Provinz mehr sein möchte, zu der Idylle stempeln, die sie, vielleicht, einmal war. Ich jedenfalls bin den „Stäffelesrutschern" nur in Feuilletons begegnet.
Die Stäffele jedoch existieren, und keiner weiß, wie viele es genau sind – es heißt, 450 (nicht Stufen, sondern richtige lange Treppen). Aus den Stäffele konnte man eben keine asphaltierten Verkehrswege machen. Und da die Verwaltung sie dankenswerterweise vernachlässigt, was jeden Winter auf Warnschildern kundgetan wird, sind sie wirklich Gemütsreservate auch in der Zeit der schlimmsten Fortschrittswut geblieben. Wir dürfen ja auch die materielle Basis nicht vergessen: Wer durch die Gärten der Villen an den Hängen Schneisen hauen wollte, müßte mit Millionen Mark je Kilometer um sich werfen.
Es ist die Rede vom Wandern. Die Stäffele sind die Zubringer. Man kann von der Innenstadt ziemlich im Grünen ins Grüne emporsteigen. Das ist so schön, daß die Einstiege geheimgehalten werden. Nur, wie gesagt, man muß – von unten nach oben – genügend schnaufen können. Wir wissen, Herr Bundespräsident, daß Sie das können. Doch Sie würden, wenn Sie meine Einladung zu dieser Stadtwanderung annähmen, eben leider nicht über die Stäffele an den Kesselrand kommen, sondern mit einem Fabrikat aus einer Stuttgarter Automobilfabrik. (Von Untertürkheim wären Sie zu Fuß in etwa zwei Stunden nach einer Wander-Durststrecke im 1958 eröffneten Ödland des Neckarhafens durchs Dürrbachtal und über den Frauenkopf an unseren Ausgangspunkt Geroksruhe gelangt.) Hier, in der Nähe des Silberwaldes – und der heißt wirklich so wie im Heimatfilm –, werfen Sie von der Aussichtsplatte, einem von vielen Panoramapunkten, den Blick auf den Stuttgarter Osten, bevor wir vom Parkplatz aus den Weg über die Wernhalde nehmen.
Wir begegnen bei unserer Testwanderung an einem Frühjahrssonntag einem älteren, etwas gebrechlichen Ehepaar, das in der Nähe sein Altenteil hat (der Nachlaßverwalter: unverbaubare Aussicht), dem joggenden jungen Manager (er hat's geschafft, gute Wohnadresse: Stuttgarter Höhenlage), zwei Freundinnen (aus einer der hier etablierten Privatschulen), einer Clique an der Grillstation (der oberste Förster sagt's Ihnen mit Stolz: Die Stuttgarter Waldungen sind freizeitgerecht erschlossen), der Rodelbahn, auf der man von einer Hauptverkehrsstraße zur nächsten durch den Wald rodeln kann, und der Straßenbahn; denn nun, nach drei Kilometern, sind wir an der Neuen Weinsteige, einer der großen Auffahrtstraßen.
Wir suchen uns die Fortsetzung des Höhenwegs, der mit dem Stuttgarter Rößle gekennzeichnet ist. Säßen Sie, Herr Bundespräsident, im Dienstwagen, würden die Ampeln gelb blinken, und

das Blaulicht Ihrer Motorrad-Eskorte würde Grün daraus machen; so aber müssen wir ziemlich lange warten, bis die Fußgängerampel den Wanderern über die Neue Weinsteige freien Weg gibt. Durch die Opernstraße gelangen wir zum Dornhaldenfriedhof fürs Volk und zum Waldfriedhof für die Prominenten; da ließe es sich auch in der Großstadt prächtig wandern, würden nicht die Hinterbliebenen im Auto kommen. Beim Waldfriedhof befindet sich die Bergstation der Standseilbahn. Die würden Sie benützen müssen, wäre technische Nostalgie das Thema Ihrer Bereisung. Ein Wasserrückhaltebecken ist zum Biotop erklärt worden und wird wissenschaftlich beobachtet.
In Heslach – da haben Sie das Elend unserer unbewohnbaren und dennoch bewohnten Verkehrsschneisen – müssen wir wieder eine Ausfallstraße überqueren. Doch der dritte Abschnitt dieses Stuttgarter Rundwegs mit dem Rößle bringt uns in ein richtiges großes Wandergebiet, den Pfaffenwald und den Bürgerwald, an die sich der Rot- und Schwarzwildpark anschließen. Hier, im Gebiet der Trinkwasserspeicher Bären-, Neuer und Pfaffensee, ist des Volkes wahrer Himmel. Hier jauchzen die Stuttgarter und grillen. Hier, bitte, wird glaubhaft, daß die Stuttgarter Gemarkung zu etwa sechzig Prozent grün ist: Wald, Weinberge, Wiesen, Äcker, Gärten und „Gütle", die baumbestandenen Wochenendgrundstücke.
Nur bitte, Herr Bundespräsident, erkennen Sie das Typische der Entwicklung: Erst ist die Gäubahn durch den Pfaffenwald gebaut worden, die fällt wahrhaftig nicht auf, und es ist ein Kreuz, daß es die Bundesbahn mit ihrer Neubaustrecke von Stuttgart nach Mannheim so schwer hat. Dann sind die Straßenschneisen geschlagen worden, verbreitert zu mehrspurigen Schnellstraßen; der Schattenring ist ein riesiger Verkehrsknoten im Wald. Es ist ja ganz schön, dauernd durch den Wald zu fahren, doch auf Schnellverkehrsstraßen schaut keiner mehr hin. Wenn man, Herr Präsident, nur einen Bruchteil der Mittel für solche Straßenbauten den Belangen der Wanderer und Radfahrer widmen könnte, dann würden Wanderwege, auch hier, nicht einfach durch Leitplanken abgehackt, sondern umgeleitet, und zwar nicht gleich kilometerweit. Und die Institute der Universität? Warum mußte dazu der Pfaffenwald dezimiert werden? Sollte man die Techniker nicht dort ansiedeln, wo sie mit den Folgen ihres Wirkens konfrontiert werden? Am Flughafen Echterdingen vielleicht?
Es wandert sich prächtig durch den Pfaffenwald, vorbei an den etwas zu kühn so bezeichneten „Wasserfällen", aber es ist der Ort, nachdenklich zu werden – konkret für mich: meinem einstigen, verstorbenen Kollegen August Sieburg von der „Stuttgarter Zeitung" Abbitte zu leisten für jedes Lächeln über seine geharnischten Lokalglossen, mit denen er um jeden Baum kämpfte. Er war seiner Zeit um ein Vierteljahrhundert voraus.
Wiederum eine Ausfallstraße überquerend, diesmal eine begrünte, sind wir in den Bürgerwald gewandert. Auf der breiten Bürgerallee, einem Wanderweg, nichts sonst, kommen wir am Sophienbrunnen vorbei; in der Stadt, in den Anlagen, in den Wäldern gibt es beinahe so viele Brünnele wie Stäffele. Am Sophienbrunnen nähern wir uns – und wieder eine Ausfallstraße – dem Birkenkopf. Er ist kein Berg wie andere, sondern höher gewachsen durch anderthalb Millionen Kubikmeter Trümmerschutt des Zweiten Weltkriegs. An seinem Fuß ein „geologisches Fenster"; da sehen Sie, worauf Stuttgart steht, nämlich auf Muschelkalk, Lettenkohle, Lias, Schilfsandstein, Buntem Mergel, Stubensandstein, Gipskeuper, Knollenmergel, dem berüchtigten, der Hangbebauung noch teurer macht als anderswo. Der Stuttgarter Höhenweg geht noch um einen Abschnitt weiter, zur Doggenburg am Kräherwald; das sind dann 15 Kilometer. Und hier wiederum kann man weiterwandern durchs Feuerbacher Tal zur Hohen Warte, und danach käme der Lemberg mit dem Naturdenkmal Tachensee. Dann freilich wird's schwierig: Der Stuttgarter Norden ist, um in der Sprache der Landschafts- und Sprachverhunzer zu reden, „siedlungsmäßig verdichtet", nicht mäßig, sondern „vollverdichtet". Aber nicht ungerecht sein, es gibt eine grüne Spange: Vom Kräherwald über die Feuerbacher Heide, über den Höhenpark Killesberg, das Ausstellungsgelände (und dort schreien sie nach noch mehr Hallen) durch einen halben Kilometer Betonwüste, und dann sind wir im Rosensteinpark. Von hier kann man durch das Gelände einer der Stuttgarter Bundesgartenschauen im Grünen direkt zum Hauptbahnhof wandern. Und das müßte auch noch zu schaffen sein, wenngleich mit etlichen Klimmzügen: durch den Oberen Schloßgarten, dann hinauf zur Geroksruhe zurück. Über Stäffele natürlich.
Sehr geehrter Herr Bundespräsident, dieser Brief mit der Schilderung einer fiktiven Stadtwanderung mit Ihnen auf einer realen Route (und nicht einem „Präsidentenweg") ist, wie Sie es gewohnt sind, eine Lobpreisung, nämlich des grünen Stuttgart; er ist, wie Sie es gewohnt sind, eine Beschwerde. Er ist die Andeutung von Möglichkeiten, von verpaßten und von solchen, die wir noch nützen sollten.

Poesievolle Stäffelesromantik

Fritz Wiedermann

Moderne Straßenbilder gibt es überall, aber poesievolle Oasen der Stille, malerisch eingebettet zwischen Wohnhäusern und Gärten, noch dazu in der Innenstadt, das findet man nur in Stuttgart. Vertraut klingt darum der alte Neckname „Stäffelesrutscher", den sich die Stuttgarter gerne gefallen lassen. Aber nur die älteren unserer Mitbewohner verwenden ihn zuweilen, die jüngeren kennen ihn kaum noch. Auch die Stäffele selbst sind heute nicht mehr „in"; mit dem Auto sind sie nicht befahrbar, also zählen sie für viele nicht mehr als beachtliche Objekte. Wer jedoch die Muße aufbringt, die Stadt aus einer neuen Perspektive zu erleben, und wer die Mühe des Treppensteigens nicht scheut, dem werden die stillen Pfade zu einem freundlichen Erlebnis werden.

Die Eugenstaffel mit dem Galateabrunnen ist wohl die bekannteste; breit und bequem ausgebaut, wirkt sie recht repräsentativ. Dazu hat sie den Vorzug, die kürzeste Verbindung zum Hauptbahnhof zu bilden. Als Brunnenfigur überragt die sagenumwobene Galatea die Grünanlagen, sie gilt als Sinnbild der Kunstbegeisterung am Ende des vorigen Jahrhunderts, 1890 errichtet.

Es fehlen auch die historischen Beziehungen nicht, die weit in die Geschichte zurückreichen. Die Stäffelesfurch, die über den Kriegsberg führt, war ein Teil des einstigen Ur- und Römerweges, viel älter als Stuttgart, der den Hohenasperg mit den Fildern verband. Ein vielbegangener Weg seit ältesten Zeiten dürfte auch die Alte Weinsteige sein, die vermutlich einst nichts anderes als ein Stäffele war. Ein romantischer Weg, zum Teil auf Stufen, führt noch heute von Degerloch zum Marienplatz; er deutet an, wie die Alte Weinsteige früher aussah. Dort blieben auch noch einige Beschriftungen, die auf die Arbeit der Wengerter hinweisen, dazu auch ein Relief, erhalten. Daß die Phantasie sich lebhaft regte, um Namen für die schmalen Steigen zu ersinnen, beweist der „Tazzelwurm".

Wer sich auskennt in der „Geographie" der Stadt, wird die zahlreichen Staffeln als Abkürzungswege zu schätzen wissen, denn es sind zumeist ehemalige Weinbergwege, die an steilen Hängen angelegt wurden, um die oberen Terrassen zu erreichen. Der Aufstieg ist mühsam, aber „runterwärts" spart man viel Zeit und kommt rasch in die Stadtmitte. Manchmal sieht es aus, als führe eine „Jakobsleiter" geradewegs in den Himmel, aber das Ziel ist meist viel profaner, zuweilen bildet eine aussichtsreiche Höhengaststätte den Abschluß. Es fehlen auch Denkmäler und mancherlei historische Erinnerungen nicht, die von vergangenen Zeiten zu erzählen wissen. Breitästige Bäume beschatten die Stufen, auf schmalem Podest plätschert ein Brunnen, und immer wieder erfreuen verständnisvoll gepflegte Gärten die Augen der Besucher. Die Stäffele sind reizvolle Oasen der Stille, verwunschene Winkel der Romantik inmitten der betriebsamen Stadt.

Zwischen modernen Wohnhäusern schwingt sich die Lorenzstaffel in eleganten Bögen zur Höhe der einstigen Stitzenburg empor, auf der früher ein beliebtes Gasthaus stand. Nichts erinnert mehr daran, daß die Staffel ursprünglich ein schmaler Weinbergweg war, auf dem die Wengerter auf- und niederkletterten. Ihren Anfang kennzeichnet der Fischreiherbrunnen, der poesievoll anmutet. Früher führten in unmittelbarer Nähe zahlreiche Treppenwege am steilen Hang empor, die meisten davon sind längst verschwunden, das Rebengelände wurde überbaut. Beseitigt wurden vor allem die zu engen und darum gefährlichen Aufstiege. Einer davon wurde als Hexenstaffel bezeichnet, ein anderer als Teufelsgrund. Gruselig mutet auch der Name Sünderstaffel an, dabei ist dieser Aufstieg einer der schönsten, breit und bequem, dazu durch eine Aussichtsplatte bereichert. Zwei altertümliche, beschriftete Steine regten die Phantasie an, die einen „Krimi" mit Mord und Hinrichtung ersann und die Bibelsprüche als Bekenntnisse eines „Sünders" bewertete.

Das denkmalfreudige vorige Jahrhundert nahm einige ältere Anregungen auf oder fügte poesievolle Erinnerungen hinzu. Unweit der Kernerstaffel steht eine Plastik, die auf des Dichters Verse „Dort unten in der Mühle" hinweist. Zum Denkmal des Dichters Hauff führt die Hasenbergstaffel, die an einer Aussichtsplattform – als Ersatz für den „skalpierten" Hasenbergturm – endet. Wer ihre mehr als 300 Stufen erklommen hat, dem bietet sich ein prächtiger Blick über die Stadt, die im Kessel liegt, und auf der anderen Seite nach dem Höhenrand von Degerloch bis Vaihingen, von den Konturen der Schwäbischen Alb überragt.

Aber so ein Aufstieg kostet Schweiß, die längsten der Stäffele sind rechte „Trimm-dich-Pfade", die allen empfohlen werden können, die einige überflüssige Pfunde Speck loswerden wollen.

DIE SCHMALE TREPPE

Heidrun Wulf

Ein weißes Fädchen taumelt die Straße hinab. In der Sonne glitzert es wie Glas. Die alte Frau stößt ihr verstaubtes Fenster auf. Eine verholzte Weinrebe ringelt sich am Haus empor. Bald wird es regnen. Seufzend schließt die Frau das Fenster, nimmt einen Korb mit roten Äpfeln und geht die Treppe hinunter. Vor der Haustür bleibt sie einen Moment stehen und blickt sich um.

Geschäftiges Treiben, es ist Mittagszeit. Die Hausfrauen eilen mit vollbeladenen Taschen vorbei. Kinder kaufen geschwind bunte Gummibärchen. Gedrückt von ihren schweren Schulranzen rennen sie nach Hause. Die alte Frau schlurft weiter. Nach wenigen Metern stellt sie ihren Korb ab und läßt sich auf der untersten Stufe eines Stäffeles nieder.

Dort kommt keine Sonne hin. Die schmale Treppe windet sich scheinbar endlos in die Höhe. Auf ihren Stufen ist das Moos uralt, es schmiegt sich in den zerfallenen Stein. „Keine Haftung beim Betreten" warnt eine zerschrammte Tafel. Der Frau ist es egal. Sie breitet ihren Rock aus und schließt die Augen. Lange muß sie auf Kundschaft warten. Hart klopft der Stock des älteren Mannes auf den Boden. Einen Apfel nimmt er ihr ab. Zwanzig Pfennig erbittet die Frau müde. Zu einem Schwätzchen ist sie nicht aufgelegt. Es ist das Wetter.

Langsam schieben sich dunkle Wolken vor die Sonne, es beginnt zu tröpfeln. Der Regen wird zu langen Bindfäden. Vage nimmt die alte Frau die Nässe zur Kenntnis. Aus der Tasche ihres Schurzes kramt sie ein Stück zerknitterten Plastiks. Sorgfältig legt sie es als Hülle über ihre Äpfel. Ein leichter Wind reißt daran, und sie bindet noch ein Stück Schnur um den Korb. Mit zittrigen Händen versucht die alte Frau dem stärker werdenden Wind zu trotzen. Endlich schafft sie es, ihr Kopftuch umzubinden.

Die Frau zieht die Knie an. Unter halbgeschlossenen Lidern beobachtet sie den Weg eines kleinen Käfers. Sein minimaler Körper ist schwarz, mit goldenen Punkten darauf. Sie läßt ihn ohne Mitleid seinen Weg machen. Die Kieselsteine auf dem Stäffele türmen sich wie Geröllhalden vor dem Käfer auf. Bald schnippt die Frau ihn ungeduldig zur Seite. Starr vor Schreck kippt er auf den Rücken.

Müde schließt die alte Frau wieder die Augen. Im Korb verschrumpeln langsam die Äpfel.

Die Stadt der Stäffele

Richard Zanker

Es wird wohl keinem Stuttgarter einfallen, beleidigt oder gar gekränkt zu sein, wenn ihn ein Hereingeschmeckter „Stäffelesrutscher" nennt. Stuttgart ist nun einmal durch seine Lage zwischen Hängen und Höhen eine Stadt der Treppenaufgänge – auch Staffeln und, soweit sie klein sind, bescheiden „Stäffele" genannt. Wie anders hätten unsere Großväter die steilen Weinberghalden, die Gartenhügel erreichen und gangbar machen können als durch Treppen? Auf ihnen wanderten die fleißigen Wengerter zu ihren Rebhalden, trugen den vom Regen herabgeschwemmten Boden in ihren Butten mühsam wieder hinauf, schleppten im Herbst die geernteten Trauben in Gölten an die Wege, die ins Tal hinabführten. Im Herbst, wenn man die süßen, vollen Trauben schnitt, dann war alle Mühsal des Jahres vergessen. Da herrschte dann lustiges Leben zwischen den Rebstöcken an den steilen Halden, die Böller krachten und die Büchsen, und aus dem Munde der Wengertermädchen erklangen die fröhlichen und oft auch schwermütigen Volkslieder. Und da und dort an den Talhängen wurde aus einem steilen, buckeligen und schmalen Stäffele mit der Zeit ein repräsentativer Staffelaufgang. Man denke nur an die Eugenstaffel, die Schützenstaffel, die Kernerstaffel, die Staffeln hinauf zur Karlshöhe. Und wie fein hat sich heute die alte Lorenzstaffel hinauf zur Stitzenburg mit ihren Hochhäusern herausgemacht!

Hat schon einmal ein Stuttgarter das Wagnis unternommen, die Staffeln und Stäffele seiner Vaterstadt zu zählen? Ich hatte einmal versucht, die im großen Stadtplan winzig klein gestrichelten Wege herauszuschreiben und zu zählen. Ich hab's aufgegeben. Unsere sicher sorgfältig arbeitenden Stadtplaner haben sie auch nicht alle aufzeichnen können.

Uralt und schon sehr früh urkundlich nachgewiesen war die sogenannte Stäffelesfurch, die einst von der heutigen Jägerstraße über den steilen Kriegsberghang zum Weg nach Feuerbach führte. An ihrer Stelle entstand mit der Zeit die heute noch zur Panoramastraße hinaufführende Kreuserstaffel, die 1881 angelegt wurde, und die Kronenstaffel als Fortsetzung der Kronenstraße. Eine schon 1304 beurkundete „Staffelfurch" wand sich auf der anderen Talseite die Pfizerstraße und Pfizerstaffeln hinauf zum Sünder, zum Bubenbad und zur Gänsheide. Davon hat wohl auch die Stafflenbergstraße ihren Namen. Eine „Stäffelesfurch" führte weiter von der Ecke See- und Wiederholdstraße steil hinauf zur Helfferichstraße.

Erst um die Jahrhundertwende entstanden an oder über diesen Staffeln die ersten Häuser, Straßen und Wohnsiedlungen.

Wie oft sind wir Altstadtbuben über die Pfizerstaffel hinaufgewandert zum Bubenbad-Seele, um dort Feuersalamander und Frösche zu fangen. In einem ausgedienten „Gsälzglas" der Mutter hatten die Grünröcke auf ihrem kleinen Holzleiterle Wetterprophet zu spielen. Aber arg zuverlässig waren sie nicht; oft saßen sie bei strömendem Regen oben, und bei Sonnenschein hockten sie im Wasser. Im Winter hatten wir dann Mühe und Not, die nötige Nahrung herbeizuschaffen. Wir streiften durch all die vielen Pferdeställe in der Innenstadt, wo die Mucken nie ganz ausstarben.

Das Bubenbad-Seele dehnte sich einstens auf der heutigen Kreuzung Gerok-, Grüneisen- und Breitlingstraße in etwa 20 m Länge und 10 m Breite aus, war also ein ganz stattlicher Tümpel, der vom sogenannten Bubenbad-Brünnele gespeist wurde. Am unteren Teil des Sees stand eine alte Hütte, die den Badenden zum Aus- und Ankleiden diente. Mit den Gablenbergern, die auf das Seele auch Ansprüche erhoben, gab es gelegentlich kleine Plänkeleien, die schlimmstenfalls mit alten Rebpfählen zwischen uns Buben ausgetragen wurden. Und mal siegten die Gablenberger, mal die Bohnenviertler.

Auf der Gänsheide gab es früher eine große Anzahl netter, gemütlicher und daher auch gern besuchter Restaurants und kleiner Wirtschäftle. So den „Heidehof", den „Sünder", das „Schwabenländle", das „Bubenbad". Dieses besteht heute noch, und zwar schon seit 1875 (mittlerweile „Ilysia" – U. K.). Damals war der Besitzer viele Jahre ein gewisser Eckard, der von einem durchziehenden Zirkus zwei Ponys gekauft hatte, mit denen er zum Vergnügen der Jugend in die Stadt hinunterfuhr, um dort seine Einkäufe zu machen. Vergessen wir nicht das einst von der Damenwelt so hochgeschätzte Café Eitel. Es hat heute nur einen anderen Namen. Die Gänsheide war von jeher das gern angesteuerte Ziel vieler Spaziergänger. Schon König Wilhelm I. zeigte sich häufig hoch zu Roß oder im Wagen, auch König Karl und sein Nachfolger, König Wilhelm II. Zu den Spaziergängerinnen, denen man oft begegnete, gehörten weiter die Königin Charlotte mit ihrem Bernhardinerhund und später mit einem Spaniel, dann die Herzogin Wera und der Oberhofprediger, Dichter und Ehrenbürger von Stuttgart Karl Gerok, nach dem die 1904 entstandene Anlage am Waldrand „Geroksruhe" benannt ist. Meditierend saß er oft dort oben in der Stille der schönen Landschaft mit dem Blick hinunter ins Tal. Hier dürfte sein bekanntes Gedicht „Gruß an Stuttgart" unmittelbar nach seiner Rückkehr von einer Reise nach Helgoland entstanden sein. Wir kennen die schönen Verse aus seinem Gedichtband „Blumen und Sterne". Jung-Stuttgart möge es einmal von Großvaters Bücherbrett herunternehmen und dort nachlesen:

> Da liegst du nun im Sonnenglanz,
> Schön wie ich je dich sah,
> In deiner Berge grünem Kranz,
> Mein Stuttgart, wieder da,
> Liegst da, vom Abendgold umflammt,
> Im Tale hingeschmiegt,
> Gleichwie gefaßt in grünem Samt
> Ein güldnes Kleinod liegt …

Heute haben es die Stuttgarter leichter, die Höhen der Gänsheide zu erreichen. Seit 1910 fährt die Straßenbahn bis zum Bubenbad – als „Panoramabahn ersten Ranges" damals in einem Stuttgarter Fremdenführer gelobt – und längst sogar bis zur Geroksruhe und bis nach Sillenbuch.

Verweilen wir noch ein bißchen bei den Staffeln. Der Fremde steigt mit Stöhnen auf ihnen herum, der Einheimische nimmt sie als etwas, das zu seiner Stadt gehört. Die repräsentativste ist wohl die über die Eugenstraße. Freilich, mit den römischen Treppenanlagen kann sie sich nicht messen. Soll sie auch nicht! Schon unsere Großväter waren stolz auf die Eugenstaffel, deren Anfänge bis auf das Jahr 1872 zurückgehen. Gekrönt wurde sie im ausgehenden vorigen Jahrhundert durch den monumentalen Brunnen am Eugensplatz mit der Kaskade und der nackten Meernymphe Galatea aus der griechischen Sage. Die Anlage ist eine Stiftung der Königin Olga zur Erinnerung an den früh verstorbenen Herzog Eugen von Württemberg (1846–1877), den

Gatten der Herzogin Wera, und wurde am 27. April 1890 eingeweiht. Die Eugenstraße dagegen hat ihren Namen 1857 bekommen nach dem Großvater des genannten Herzogs, nach dem Feldherrn der Befreiungskriege, Herzog Eugen von Württemberg.
Die Statue der Galatea ist ein Werk des in Stuttgart geborenen Bildhauers Professor Otto Rieth, der später nach Berlin ging und maßgeblich am Bau des neuen Reichstagsgebäudes mitarbeitete. Als Modell für seine Brunnenfigur benützte er dasselbe Mädchen, nach dem Professor Hundrieser die Berolina gestaltete: die Schuhmacherstochter Anna Feldgiebel, die erst 1938 in Berlin, ihrer Heimatstadt, gestorben ist. Schon bei der Einweihungsfeier hatte die hüllenlose Nymphe in manchen Kreisen Mißfallen erregt; man meckerte an den Stammtischen und noch mehr in den Kaffeekränzchen der Stuttgarterinnen. Das ärgerte die selbst etwas prüde und nicht gerade großzügig denkende Olga. So ließ sie denn die Bürger der Haupt- und Residenzstadt wissen, daß sie sich sehr überlege, ob sie die Figur künftig mit ihrer Breitseite nach Stuttgart hinunterschauen lassen solle.
Die Hinterlist dieser königlichen Drohung war offenkundig. Beim nächsten Cannstatter Volksfest wurden dann lustige Spottkarten verkauft, auf denen die Galatea mit langem Rock und Puffärmelbluse angetan, auf dem hohen Piedestal zu sehen war. Inzwischen hat die Nymphe zwei Kriege überstanden und schaut heute wie damals auf das immer größer werdende Stuttgart mit seinen Hochhäusern hinab.
Wenn mein Vater einem Besuch Stuttgart in der Gesamtheit zeigen wollte, dann führte er ihn hinauf zur Eugensplatte. Ringsum waren die Höhen noch begrünt und fast unbebaut. Nur zögernd wanden sich die ersten Straßen an den Hängen entlang.
Ich komme nicht weg von den Stäffele! Wie oft habe ich als Bub – in einem Weingärtnerhaus aufgewachsen – den Hausherrn begleitet, wenn er, den Kreben auf dem breiten Rücken, an dem der mit Most gefüllte Sutterkrug hing, durch die Seestraße hinauf zum Azenberg, am „Nill" vorbei, im letzten Teil auch über ein steiles Stäffele zog, in einen Weinberg, in dem auch Stachelbeeren und Träuble (Johannisbeeren) reiften, und wo in allernächster Nachbarschaft der „Krabbendusel" einen Wengert besaß. Und hier sei erzählt, warum aus dem ehrsamen Weingärtner Rudolf Bühler vom Brunnengäßle der „Krabbendusel" wurde. In seinem Wengert pflegte er manchmal „Krabben", also Krähen zu füttern. Mit in Schnaps getunkten Brotbrocken! Er freute sich königlich, wenn die Schwarzfräcke „duselig" wurden und voll des ungewohnten Alkohols umherschwankten. Diesem Sparren verdankte Bühler seinen Spitznamen.
Wie genügsam lebten die fleißigen, sparsamen Stuttgarter Weinbauern! Wie mußten sie sich abrackern, wenn sie am Abend die oft zentnerschwere Ernte auf ihren Kreben, Korb an Korb hoch aufgebeugt, bis in die Altstadt hineintrugen! Da gab's vom Frühjahr bis zum späten Herbst und auch sonst das Jahr über kein warmes Mittagessen, bequem im Kasino oder in der Kantine eingenommen; aber eine Durcharbeitszeit von morgens 5 Uhr bis in den späten Abend hinein, die gab's. Und das Essen bestand vielfach aus einem Stück Brot mit Käse oder einem Stück schwarzer Wurst, und den Durst löschte der Most aus dem Krug.
Aber nicht nur an den Hängen gab's Stäffele, auch im Innern der Stadt. Sie waren unser Dorado. Wie wunderbar ließ sich da – noch von keinem atemberaubenden Verkehr gestört und beeinträchtigt – „Fangerles" und „Versteckerles" spielen! Da war das kleine Stäffele im ach so engen, aber doch romantischen Sporergäßle, in dem schon vor mehr als zwei Menschenaltern der Betten-Braun unseren Groß- und Urgroßmüttern die Aussteuer verkaufte.
Ganz besonders aber hatte es der Bohnenviertel-Jugend das „Hexenstäffele" angetan. Wo es war? Eingebettet zwischen den Häusern Blumenstraße 10 und 12 und hinaufführend zur Alexanderstraße. Es war so herrlich eng, daß zwei Personen Mühe hatten, aneinander vorbeizukommen. Und steil. Nebenbei roch es aus allernächster Nachbarschaft intensiv sauer und räs nach Essig und Tafelsenf, von der Katzschen Essigfabrik. Dieses Stäffele sucht man heute vergebens. Die Trümmer des letzten Kriegs haben es wohl unter sich begraben. Das unweit davon gelegene Rosenstäffele hatte lange nicht den Reiz. Es war schon mehr eine Staffel und außerdem viel zu sehr eingesehen, völlig unromantisch und bar jeder Geheimnisse.
Noch einer Staffel sei gedacht: Es ist die schon kurz erwähnte, heute gründlich veränderte, fast allzu sachlich ausgefallene Lorenzstaffel, die jetzt von modernen Neubauten gesäumt wird. Die alte mit ihrem steilen Weg zwischen den Staffeln rechts und links war eine ideale Schlittenbahn. Damit man unten vor dem Englischen Kirchle nicht unter den „Dreier" geriet, war immer gut gestreut.
Vor einem starken Menschenalter hatte die Lorenzstaffel ihre Fortsetzung hinauf bis zur damals erst entstehenden Danneckerstraße und schließlich zur Stitzenburghöhe mit einer gern besuchten Gaststätte mit Wirtshausgarten erhalten. Und warum Lorenzstaffel? Nach dem Gipser und Zimmermaler Wilhelm Friedrich Lorenz, der dort gewohnt hat und 1864 gestorben ist.
Weiter oben in der Olgastraße, in der Höhe der Jakobstraße, begann hinter einem hohen Torbogen zwischen zwei Häusern die zur Alexanderstraße und weiter hinauf zur Danneckerstraße führende Wächterstaffel. Und in der Nähe war dann noch die Schickstaffel. Man könnte noch manche andere nennen.
Viele dieser Staffeln leben nur noch in der Erinnerung älterer Stuttgarter. Für unsere Vorfahren bedeuteten sie mühsames Steigen zu den Höhen.
Manche sind überflüssig geworden oder verlaufen zwischen den Hangstraßen, die breit und bequem hinaufführen zu den kühlen Domen unserer Wälder.
Inzwischen wurde auch das Auto erfunden, und Straßenbahnlinien haben uns das Bergsteigen abgenommen. Und damit dürften wohl die Stuttgarter „Stäffelesrutscher" ausgestorben sein? Nein, gottlob nicht ganz, viele Berufsmenschen, die der Geschäftsweg morgens in den brodelnden Kessel hinunterführt, ziehen es im Frühjahr und Sommer vor, den Talgang über die Stäffele anzutreten und statt Benzingestank kühlere Morgenluft zu atmen.

Altes Schloss

Das Alte Schloß, dessen Anfänge im 10. Jahrhundert liegen, diente ab 1311 den Württembergern als Residenzschloß. Um 1325 wurde es als Wasserburg ausgebaut. Herzog Christoph ließ es 1553 bis 1563 im Renaissancestil umbauen und erweitern. Kurz danach entstand Nikodemus Frischlins Gedicht. 1931 wurde das Alte Schloß durch einen Brand zerstört. Kaum wiederaufgebaut, fiel es, wie weite Teile der Innenstadt, 1944 den Luftangriffen zum Opfer. Heute beherbergt es, nach abermaligem Wiederaufbau, das Württembergische Landesmuseum.

Ein Sang vom „Alten Schloß".

Es liegt eine Stadt in Bergen drin,
Der Neckar fleußt nit weit dran hin,
In einem schönen Wiesengrund,
Geziert mit Mauern und Türmen rund,
In einem edlen Wingerttal,
Da es herum hangt überall
An Bergen hoch voll Trauben süß,
Die geben guten Wein gewiß.
Wenn ich die Wahrheit sagen muß,
Ist jetztund da all Überfluß.
Die Bühel grünen von Weinreben,
Die alle Jahr gut Most uns geben,
Füllen Keltern, Kufen, Keller voll,
Das tut dann alt und jung gar wohl.
Bei dieser Stadt am untern Eck,
Da sie sich gegen Aufgang streckt,
Ein herrlichs, fürstlichs Schloß tut
schimmern
Mit seinen Mauern und Gezimmern,
Ein überschönes, hochs Gebäu,
Drin Gott selbst könnte wohnen frei.
Es ist gar stark befestigt eben,
Hat tiefe, weite Wassergräben,

Da baden sich im Wasser frisch
Entvögel, Schwanen und viel Fisch.
Ein weiter Platz hebt sich empor
Gleich in der Höhe überm Tor,
Darauf man mag spazieren gahn,
Nämlich eine hohe, schön Altan
Mit steinern Säulen, rund formiert,
Von gehauen Steinen wohl geziert.
Sobald du nun ins Schloß 'nein gahst,
Von Stund du dir entgegen hast
Ein weiten Hof, tu ich hie meinen,
Belegt mit harten Pflastersteinen,
In seiner Form wohl figuriert
Und fast im Viereck ausgeführt.
Wenn dahinein nun kommest du,
Der linken Hand gleich eben zu
Das Schatzgewölbe dir erscheint,
Darin viel Brief und Siegel seind,
Dazu manch gülden, silbern Schnur;
Das G'wölb heißt die Registratur.
Der Porten zu der rechten Seit
Hart dran gleich die Torstuben leit,
Da der Torhüter früh und spat
Die Nachtwacht und sein Wohnung
hat.
Daran siehst stoßen nit gar fern
Die Speiskammer, der Köch Tabern,
Nämlich die Küchenmeisterei,
Daß d' Kuchenspeis verwahret sei.

Dabei ein G'wölb voll B'hälter, Schrein,
Darin viel gute Tücher sein,
Die man teilt aus dem Hofgesind,
Allda man allweg B'reitschaft find't.
Unten im Hof in beiden Ecken
Gehn bis ans Dach zween runde
Schecken (Wendeltreppen),
Die Schneck zur Rechten, mich versteht,
Die gegen Abend aufwärts geht,
Ein Türmlein trägt auf ihrem Bau,
Das ragt empor zum Himmelsblau.
Wann seine Uhr die Stund tut
schlagen,
Ich will euch nur die Wahrheit sagen,
Zween Hirsch mit ihrem G'hörn
gestreckt
Zusammenlaufen wie die Böck.
Unten im Hof steht ein Kapell,
Im Graben baut wie ein Rundell.
In der Kapellen hoch daselb
Steht oben unter dem Gewölb
Ein lieblich, künstlich Orgelwerk,
Das gar so lieblich kann erklingen,
Als wenn die Engel im Himmel singen,
Mit Laubwerk g'schnitzet schön und
wichtig,
Mit leibfarb Seiden, fein durchsichtig.
Dies Werk mit den Registern viel
Erklinget hell beim Festgespiel.

Allda der Fürst Gott's Wort kann hören,
Mit Andacht sich zu Gott tut kehren.
Gleich oben drauf siehst du
erschimmern
Viel fürstlich Säl' mit ihren Zimmern.
Stracks gen dieser Kapellen frei
Übern Hof zeigt sich das dritt' Gebäu.
Zwo große Kuchen weit und g'waltig,
Gewölbt mit Steinen mannigfaltig,
Sein hier gebaut im Hofe unten;
In beiden brennt zu jeden Stunden
Ein grausam schrecklich flammends
Feur,
Auf breitem Herd ganz ungeheur,
Daraus sich wälzt gen Himmel auch
Aus schwarzem Schlot ein dicker
Rauch.
Gleich hart dran liegt ein g'wölbtes
Tor
Mit einer Zugbrucken dicht davor,
Die an gar starken Ketten hangt
Und übern Graben nüber langt,
Die führt in den Tiergarten weit,
Der allen Menschen Freuden geit.
Und unter dieser Brucken eben
Sein breite, tiefe Läuf und Gräben
Gleichwie ein Zwinger um das
Schloß,
Darin lauft mancher Hirsch so groß
Und andres G'wild, durch starke
Brittern
Verschlossen mit Gezäun und Gittern.
Gleich auf der Kuchen steht zumal
Ein überschöner Speisesaal,
In dem, wie leichtlich zu ermessen,
Die Fürsten füglich mögen essen.
Dazu gut drin zu tanzen ist,
Das hell Gemach das Herz erfrischt.
Daneben sind viel Kammern dran,
Dergleichen nie gesah ein Mann;
Mit dem Gebälk zusammeng'fügt
Ein G'mach sich auf das ander schickt.
All' Wänd' gar hübsch geweißt dabei,
Artlich von Farben mancherlei,
Zu variieren allweg frei
Mit künstlicher Tapeterei
Aus Frankreich und dem Niederland,
Gestickt, gewirket mit der Hand.
Im Hof herum zwen Gäng' du siehst,
Von Stein gebauet aufs köstlichst,
Ein Schwibbog auf den andern geht,
Ein Säul fein auf der andern steht,
Mit ihren Rippen und Hohlkehln,
Mit korinthischen Kapitäln,
Mit Laubwerk Ornament und Zier
Gar künstlich auf die alt Manier.
Also in diesen Gängen groß
Gehst du herum ums ganze Schloß,
Gleich ob dem Keller ist zumal
Ein hoher, weiter, großer Saal,
Darin gar hohe Säulen eben
Das grausam dick Gebälke heben,
Von Steinen in der Ordnung her,
Als ob es in der Kirchen wär.
Ist doch ein Hofstub, wie man weißt,
Im kalten Winter eingeheizt,
Da Reiter und das Hofgesind
Täglich viel Tisch bereitet findt;
Eine hohe, lange, weite Tennen,
Da man tät etwa stechen, rennen,
Dazu turnieren, davon es itz
Auf diesen Tag heißt die Türnitz,
Wie man noch heut bei unsern Tagen
Glaubhaftiglich davon will sagen.
Oft wenn das G'sind an Tischen sitzt,
Zu Morgen ißt in der Türnitz,
Fährt man hinein mit Roß und Wagen
Voll Wein geladen, muß ich sagen,
Den man in Keller hier will schläuchen,
Es darf kein Tisch darum da weichen.
Sich mancher oft daran verwundert
Und stohn darin der Tisch wohl
hundert.
Die breite Schneck ist auch herin,
Die man hinauf kann reiten hin,
Ins Fürsten G'mach dich weisen tut,
Zu den uralten Zimmern gut.
Die Estrich schön erglitzen fein
Von Gipsen und gegoss'nem Stein.
Die Balken künstlich ausgehauen
Mit Laubwerk, Bildwerk anzuschauen,
Gedreht, gestochen und geschnitzt,
Und glatt balieret, daß es glitzt,
Da tut es alles schimmern, scheinen,
Von Tischen, Bänk, Bettladen,
Schreinen,
Von hellem Glanze glitzen die Wänd,
Gefirnißt, tüncht an allem End,
Ja aller Hausrat, den ich mein,
Wie Perle, Gold und Edelstein;
Ein herrlich Hofstub, ich vermerk,
Da der groß Fürst von Württemberg
Gewöhnlich selbst zu essen pflegt
Und man ihr Fürstlich Gnad aufträgt
Samt dero werten Ritterschaft,
Darum dem Saal der Name haft,
Daß man die Ritterstub ihn nennt,
Die mancher Graf und Ritter kennt.
Gar schöne, feine Fraueng'mach
Sind auch unter des Hauses Dach,
Mit hohen Säulen ausgehauen
Für Fürstin, Frauen und Jungfrauen,
Mit allem Hausrat fein versehen,
Da pflegt man sticken, wirken, nähen. –
Dir mehr als z'viel es werden wollte,
Wenn ich es alls erzählen sollte,
Von altem, fürstlichem Gezier,
Kredenzen, B'háltern und Geschirr,
Bettladen, Schreinen und Trisurn
Köstlich Kleinod mit ihren Figurn.
Wer wollt es als erzählen tan,
Will's willig jetzt nun lassen gahn.

(Nikodemus Frischlin, 1586)

GROSSES HAUS

der Württembergischen Staatstheater

Max Littmann hat es in den Jahren 1909 bis 1912 für König Wilhelm II. als Hoftheater erbaut. Wieland Wagner inszenierte hier 20 Opern, Caruso hat hier gesungen, Schiller- und Wagner-Zyklen machten es bekannt. Als einziger Repräsentationsbau in der Innenstadt blieb das Große Haus von Kriegsschäden verschont, weshalb 1946 der amerikanische Außenminister James F. Byrnes hier seine vielbeachtete, wichtige Friedensrede hielt. Nach zwei Umbauten in den Jahren 1956 und 1970, die dem Großen Haus eine betont schlichte Innenausstattung gaben, wurden vom Juli 1983 an die technischen Anlagen auf den neuesten Stand gebracht und die Littmannschen Originalpläne einer großzügigen Renovierung zugrundegelegt, so daß die neue „Alte Oper" am 1. November 1984 eine glanzvolle Wiedereröffnung erlebte.

Die Treppen hinauf, zu einem der schönsten Opernhäuser Europas.

LUSTHAUS-RUINE

Wie eine Theaterkulisse wirken die Treppen, Säulen und Mauerreste. Sie gehörten zu einem der schönsten deutschen Renaissancebauten, den Georg Beer zwischen 1580 und 1593 an der Stelle errichtete, wo heute das Kunstgebäude steht. Bei mehrfachen Umbauten zum Opern-, später zum Schauspielhaus und königlichen Hoftheater wurden im Lauf der Zeit alle Spuren des Originalbaus beseitigt oder hinter neuen Fassaden versteckt, bevor schließlich ein Brand im Jahre 1902 das ehemalige Lusthaus vernichtete.
Die immer noch fotogenen Reste stellte man 1904 an ihrem jetzigen Standort in den mittleren Anlagen auf.

„Wenn mir Schwôba net soviel für dia Stäffele übrig hättet, nô dät von derra Luschthausruine nix meh standa."

Das Lusthaus mit dem Lustgarten zur Zeit der Renaissance.
Stich von Matthäus Merian 1638.

Neue Staffeln

Im Schwabenzentrum

Staffeln aus der Unterwelt

Fußgängerunterführungen, Aufgänge von Stadtbahn- oder S-Bahn-Stationen, ein notwendiges Übel, farbenprächtig verpackt. Ein positives Beispiel ist der Stadtbahnaufgang am oberen Ende der Königstraße.

PLAKATSTAFFEL

Beim Rotebühlplatz. Wann und wo ist was geboten? Plakative Information beim Treppensteigen.

STAATSGALERIE

Gottlob Georg Barth hat den zur Straße hin hufeisenförmig geöffneten Bau, den König Wilhelm I. als „Museum der bildenden Künste" ins Leben gerufen hat, von 1838 bis 1843 im spätklassizistischen Stil errichtet. 1958 konnte das im Zweiten Weltkrieg zerstörte, lange brachliegende und dann wiederaufgebaute Galeriegebäude der Öffentlichkeit übergeben werden. Am 9. März 1984 erfolgte die Einweihung der Neuen Staatsgalerie. Der als „Jahrhundertereignis" gefeierte, ebenso kühne wie in seiner Form überzeugende Neubau des Engländers James Stirling beherbergt die Kunst des 20. Jahrhunderts, darunter eine der bedeutendsten Picasso-Sammlungen in der Bundesrepublik. Die Neue Staatsgalerie ist über eine Brücke mit dem Altbau verbunden. Dort sind Werke vom Mittelalter bis zum 19. Jahrhundert ausgestellt.

Über Staffeln in die Rotunde, sie ist der optische Mittelpunkt des Museums, gedacht als Ort der Begegnung zwischen Museum und Öffentlichkeit.

Staffel im Garten

Verborgene Schönheit, umrankt im herbstlichen Farbkleid.

FRIEDENSSTAFFEL

Benannt nach der dortigen Friedenskirche. Der bekannte Maler Johannes Itten bezog 1915 das ehemalige Atelier von Herrmann Stamer, oberhalb der Friedensstaffel, Friedenstraße 11. Die ersten Bilder, die er dort malte, waren der „Lichtkreis" und seine Studien zum „Bachsänger".

SÄNGERSTAFFEL

Stuttgart hat soviel Ursprünglichkeit in seiner alten Bauweise bewahrt wie keine andere Großstadt. So malerisch wie hier vor hundert Jahren erscheint uns manche Gegend noch heute.

Aufnahme aus dem Jahr 1910

In dem nach 1860 entstandenen Stadtviertel zwischen Neckar- und Olgastraße ließ sich des stark ansteigenden Geländes wegen ein rasterförmiges Straßennetz wie im Stuttgarter Westen nicht realisieren. Sanfter ansteigende Diagonalstraßen stellen hier die für den Verkehr notwendigen Verbindungen her; das Rasterschema wurde dabei nicht ganz aufgegeben. In den Querachsen wurden die sogenannten Staffeln angelegt, die den allzu steinernen und streng geschlossenen Längs- und Diagonalstraßen dieses Viertels aufgelockerte und überraschend malerische Partien zur Seite stellten.

SÄNGERSTAFFEL

Der Hinauf- oder Hinabsteigende kann seinen Rhythmus von sich aus abwandeln, indem er das Tempo beschleunigt – die Staffeln hinaufstürmt oder hinuntereilt, zwei Staffeln auf einmal nimmt oder aus der Reihe auf einer Staffel stehenbleibt –, ganz aufheben kann er ihn nicht. Allerdings lohnt sich ein Aufenthalt, wenn sich mit jedem Schritt etwas Neues erschließt – auf Staffeln also, die einen Hügelaufgang hinaufführen, wo jede Stufe eine neue Raumvorstellung eröffnet. Ein Aufenthalt ist selten von Dauer, die nächste Staffel lockt so lange, bis man oben ist. Auch was man Schritt für Schritt wahrnimmt, gerät in Bewegung, verändert sich, enthüllt Unbekanntes, Ungeahntes. Den vollständigen Überblick der „Schönen Aussicht" gewinnt man, oben angekommen, aus der größten Distanz.

SCHÜTZENSTAFFEL

Kunstvolles Schmiedeeisen verbindet sich in anspruchsvoller Harmonie mit der Staffelanlage.
Für spielende Kinder treten auf der Staffel schon mal kleinere Probleme auf, die sie jedoch mühelos meistern.

KERNERSTAFFEL

Zur Kernerstaffel gehört auch eine Dichterehrung: sie symbolisiert Kerners Lied „Dort unten in der Mühle."
Die gelungene Brunnenanlage hat der Zweckverband Landeswasserversorgung erbauen lassen.

EUGENSTAFFEL

Wer sie mag, den hat die Stadt angenommen.

Die Eugenstaffel mit dem Galateabrunnen ist die Königin unter ihresgleichen, repräsentativ und voller Würde, dazu eine bequeme Verbindung zum Hauptbahnhof. Treppen und Podeste überragend, von Grün umrankt, erweist sich die sagenumwobene Galatea als ein Sinnbild der Kunstbegeisterung des vorigen Jahrhunderts (1890 errichtet). Galatea, ihr Name bedeutet: „Weiß wie Milch". Der Sage nach lebte sie im Meer vor der Küste Siziliens, wo der Kyklop Polyphemos ihr nachstellte, doch Galatea zog einen jungen Hirten namens Akis vor. Polyphemos tötete Akis aus Eifersucht, indem er ihn mit einem Felsbrocken zerschmetterte. Die untröstliche Galatea ließ unter dem Felsen eine Quelle entspringen und machte Akis zum Gott des Stromes.

Galateabrunnen auf der 1877 angelegten Eugensplatte. Gestiftet von der Königin Olga. Enthüllt am 27. April 1890. Von Bildhauer Otto Rieth (1858 bis 1911). Bronze.

EUGENSTAFFEL

Die vielen Stuttgarter Stäffele machen nicht nur schwitzen; sie animieren auch den Geist. So sagt Max Ackermann: „Wollen wir unten anfangen, wo die Eugenstaffel, diese transparente Leiter, in die Höhe führt?" Steigen wir einige Sprossen auf der Leiter, so kommt die Urbanstraße. Am äußersten Ende nach Osten hatte Ida Kerkovius ihr Atelier. Bleiben wir in der Nähe der Eugenstaffel, da saß Max Ackermann oben unter dem Dach. Da gibt sich Rudolf von Laban, der Begründer des abstrakten Tanzes, in der Eugen-Gaststätte ein Stelldichein mit seinen Schülern. Willi Baumeister hatte in der nahen Werastraße ein lebendiges Atelier.

EUGENSTAFFEL

Die Eugenstaffel zwischen der Urban- und der Moserstraße wurde während des Krieges sehr stark beschädigt. Ihre Wiederherstellung mit doppelseitigen Staffelläufen und Granitbalustraden erschien nicht mehr zeitgemäß, so daß der neue Bebauungsplan nur noch eine einseitige Staffelanlage entlang den Grundstücken Eugenstraße 12 und 14 vorsah. Dementsprechend erfolgte die „Wiederherstellung".

Ich wünsche mir zwar nicht den alten König Wilhelm wieder her, aber den Wiederaufbau des historischen Staffelaufganges, der sich in die geplante Gesamtgestaltung der Konrad-Adenauer-Straße mit ihrem Umfeld hervorragend eingliedern ließe.

Gerokstaffel

Benannt nach dem bekannten Prediger und Dichter Karl Gerok. Oft ist der Dichter die vielen Stufen hinauf zur Gänsheide gestiegen. Ob ihm beim Auf- oder Absteigen der Staffeln im Rhythmus der einzelnen Stufen das eine oder andere Gedicht einfiel, wer weiß?

Staffel zur Uhlandshöhe

Hinauf zu einem der schönsten Aussichtsplätze der Stadt, geschaffen vom Stuttgarter Verschönerungsverein.

KUNSTSTAFFEL

Im Mai 1987 stellte der Pariser Künstler Xavier Juillot sein Installationsprojekt im Institut Français vor. Luftschlangen, ein symbolischer Zusammenhang zwischen Kunst und Leben.
Luftschlangen und Stäffele.

Die Weinberghalde zum Sünder

Sage (1339 n. Chr.)

Die Morgensonne, sie flimmert so hell,
Das Sünderglöcklein, es wimmert so grell,
Es kommen die Leute zu Haufen
Durch Stuttgarts Gassen gelaufen.

Dem Rugger gilt es, dem jungen Blut,
Schad ist's um des Junkers adligen Mut,
Mit seinen gelbkrausen Haaren,
Mit seinen zwanziger Jahren.

Er trug den Kopf auf den Schultern keck,
Auch trug er das Herz auf dem rechten Fleck;
Doch der Zorn und der Wein und die Minne,
Die brachten ihn leider von Sinne.

Im Adelberghof gab's fröhlichen Schall,
Da schlugen die Junker und Knappen den Ball;
Es standen die Jungfern und Frauen
Am Gatter, das Spiel zu beschauen.

Und die schönste darunter, des Loselins Kind,
Die hat der Rugger im Herzen geminnt;
Der wollt' er im Spiele vor allen
Als rüstiger Kämpe gefallen.

Doch der Weißenburger, der zierliche Fant,
Der schlug den Ball mit geschickterer Hand,
Macht dreimal den Rugger zuschanden,
Daß er schlecht vor der Jungfrau bestanden.

Und die schalkische Hilde mit rosiger Hand
Lustpatschte dem Sieger, dem Rugger zur Schand;
Drob ist ihm vor grimmigem Grollen
Das Herz im Leibe geschwollen.

Hin schmiß er den Ball und den Schläger ins Eck
Und hub sich in zornigem Mute vom Fleck,
Lief hin, zum Wirte der Ilgen,
Den Gift im Weine zu tilgen.

Stumm trank er, da kam auch sein Spielkumpan:
„Sei kein törichter Wenzel und klinge mit an!"
Weg stieß der Erboste die Kannen
Und stürzte verwildert von dannen.

Und am Pförtlein paßt er mit nackender Wehr,
Der Junker kam pfeifend die Stiege daher;
Kein Wort hat der Rugger gesprochen,
Die Klinge durchs Herz ihm gestochen.

Drei Tage, so saß man zum Blutgericht,
Da bekannt' er die Tat und leugnete nicht;
Sie haben das Stäblein gebrochen,
Das Haupt ihm vom Halse gesprochen.

„Und muß ich denn sterben, ihr lieben Herrn,
Um eins noch bitt' ich, das gönnet mir gern:
Nicht am Markt, – auf grünender Heiden
Laßt den bitteren Tod mich erleiden!

Am Gabelberg liegt mir mein Ahnengut,
Da laßt mich verspritzen mein junges Blut,
Wo mein Vater den Wingert gebauet,
Wo vom Berge die Stadt man erschauet!

Zwar steil ist der Steig, und der Weg ist lang,
Drum gönnt mir die Labe zum letzten Gang,
Vom eignen Gewächse, vom Roten,
Sei dreimal ein Trunk mir geboten!

Und sterb' ich, der letzte vom alten Geschlecht,
So stift' ich den Wingert zum ewigen Recht,
Daß jeglichem Sünder vom Roten
Der Letzttrunk werde geboten." –

Und wie sie ihn führten zum Tore hinaus,
Da trank er zum ersten am Torwartshaus,
Zum zweiten am Steig in der Mitten,
Und oben am Berge zum dritten.

Drauf kniet er, ihn segnet der Beichtiger ein,
Dann setzt er sich nieder aufs Mäuerlein,
Wo sein Vater den Wingert gebauet,
Wo vom Berge die Stadt man erschauet.

Die Sonne am Himmel, sie flimmert so hell,
Das Glöcklein im Tale, es wimmert so grell,
Und die Stadt und die Berg' und die Auen,
Sie sind so wonnig zu schauen.

Und der Rugger schauet zum letztenmal
Die Halde hinunter ins grünende Tal:
„O du Stadt, o du Welt, o du Leben,
Valet nun muß ich dir geben!"

Und er wendet sein Haupt zu dem Volk im Rund,
Sagt den Freunden ade mit zuckendem Mund:
„Ihr Brüder, nun geht es zum Scheiden,
Den bitteren Tod muß ich leiden!"

Und er schauet zum leuchtenden Himmel hinauf:
„Herr Christ, nun nimm mich zu Gnaden auf,
Und opfr' ich den Leib dir im Sterben,
So laß nicht die Seele verderben!"

Vorbeugt er den Hals, und das Richtschwert blitzt,
Und ihm rollet sein Haupt in den Schoß, wie er sitzt,
Und langsam ist er wie trunken
Ins Gras und die Blumen gesunken.

Im Weinberg droben am Mäuerlein
Noch kündet die Mär ein verwitterter Stein,
Und auf Kinder und Kindeskinder
Benennt man die Halde „zum Sünder".

Wer hat uns das Liedlein vom Rugger gemacht?
Ein Schreiber von Stuttgart hat es erdacht,
Saß gestern droben am Steine,
– Mutterseelenalleine. –

Karl Gerok

Der Stein oben an der Sünderstaffel zeigt die Worte: „Peccatorum desiderium peribit“ (=Psalm 112, Vers 10: „Was die Gottlosen gerne wollten, das ist verloren“) Joañs Broll 1564“ mit einem Totenkopf, auf der rechten Seite die Worte: „Noli amplius peccare“ (=Johannes 8, Vers 11: „Sündige hinfort nicht mehr“). Johann Broll war Bürgermeister und besaß 1556 in der Gegend Weinberge.

Der Wald reichte in früheren Zeiten tief ins Tal hinab, aber der Hang wurde dennoch bewirtschaftet; Gänsheide, Ameisenberg und Sandberg sind alte Flurnamen, die bereits im Mittelalter entstanden und auf Bauernhöfe hinweisen. Der Heidehof war eine Gastwirtschaft, die erstmalig im 18. Jahrhundert erwähnt wurde. Straßen freilich gab es damals noch nicht, aber von der Stadt her führten Staffelwege aufwärts. Die Pfizerstaffel erinnert an den Publizisten und Politiker Paul Pfizer (1801 bis 1867), der das Ehrenbürgerrecht erhielt. Mit der Sünderstaffel verbunden sind Erinnerungen an die Postmichelsage, die vermutlich einen wahren Kern enthält. Damals war das Gebiet recht einsam, lediglich die Auffahrt, die spätere Gerokstraße, diente dem Verkehr nach Sillenbuch. Die Geroksruhe weist auf den Lieblingsplatz des Oberhofpredigers und Dichters Karl Gerok (1815 bis 1890) hin, der diesen Ort wegen der umfassenden Aussicht liebte.

Seit langem hat der Gewandname „Sünder“ die Phantasie angeregt und eine Sage erweckt, die von den Stuttgarter Adligen Hans Bernhard Rugger und Rudolf Werner von Weißenburg erzählt. Danach soll Rugger den Weißenburger anno 1339 nach einem Streit im Wirtshaus zur „Ilge“ (Lilie) erstochen und, als das Adelsgericht in Wien das Urteil gesprochen hatte, gebeten haben, ihn im Weinberg seiner Familie oberhalb der Pfizerstraße zu enthaupten; dies sei auf einer Mauer geschehen. Was mag daran wahr sein? 1304 wird die „Sünderstaffel“ als „gestäffelte Furch“ erwähnt. Sie führte die Pfizerstraße hinauf zum Bubenbad. Und noch heute stehen in einem Garten und am Ende der Sünderstaffel zwei gemeißelte Steine. Der eine hat die Inschrift: „Gott sey mir Sünder Gnedig“ und auf der linken Seite: „Anno Domini 1552 Johann Ruger“; auf dem anderen steht in lateinischer Sprache: „Was die Gottlosen gerne wollen, das ist verloren“ und: „Johann Broll 1564“; dazu ein Totenkopf und: „Noli amplius peccare“ (Sündige hinfort nicht mehr).
Die Steine sind also über zweihundert Jahre jünger als jenes sagenhafte Geschehnis vom adligen Mörder, der dort gerichtet worden sein soll. Immerhin sind die Wörter „Sünder“ und „sündigen“ auf ihnen vermerkt, und die Namen Rugger und Ruger ähneln einander. Eine Zeitlang wurde behauptet, die Steine seien hier neben dem Weg zum Hochgericht gestanden, doch war in dieser Gegend nie eine Richtstätte; die stand auf dem Schellberg und wurde von dort auf eine Anhöhe neben der Esslinger Steige gegen die Gänsheide hin verlegt; 1597 wird in der Wolframshalde ein Galgen erwähnt.
Das Gewand „Im Sünder“ aber kommt schon 1466 als „die halden herfür bis an den Sünder“ in einer Urkunde vor, während die Steine über hundert Jahre jünger sind. Deshalb wird angenommen, daß die Bezeichnung auf einen Mann namens Sünder zurückgeht, der hier Weinberge hatte, denn seit 1350 ist dieser Name bei uns nachweisbar.

Wie aber, wenn beides stimmte: Das, was die Historiker behaupten, und jenes andere, das die Sage erzählt? Oder kann hier nicht nur ein Mann namens „Sünder“ Weinberge gehabt haben, sondern auch Bernhard Rugger 1339 enthauptet worden sein, wenn er's so wünschte?

SÜNDERSTAFFEL

MOHLSTAFFEL

Benannt nach vier berühmten Brüdern: dem Staatswissenschaftler, Parlamentsabgeordneten und Gesandten Robert (1799–1875), dem Orientalisten Julius (1800–1876), dem Volkswirtschaftler und Abgeordneten in drei verschiedenen Parlamenten Moritz (1802–1888) sowie dem Botaniker Hugo Mohl (1805–1872).

DOBELSTAFFEL

**Eine schöne,
aber unbequeme Abkürzung.**

AM BOPSERWEG

Stäffeles-Idylle im Frühling.

AN DER SCHILLEREICHE

Schiller liest seinen Freunden im Bopserwald die „Räuber“ vor.

WEISSENBURG-PARK

Ein verträumter Ort, eine romantische Staffel, eine Oase der Stille.

Die Bautengruppe im Weißenburg-Park entspricht in Architektur und Ausstattung ganz der Person des Bauherrn, des großen Antikenverehrers und -forschers Ernst von Sieglin, und bietet ein ästhetisch wie intellektuell reizvolles Ambiente. Die großbürgerliche Freizeitarchitektur gewinnt hier den Charakter eines Gesamtkunstwerkes.
Im Jugendstil erbaut (1912/13) ist die dem Marmorsaal vorgelagerte rechteckige Terrasse. Sie ist zur Linken begrenzt durch die zum Tennisplatz hochführende zweiläufige Treppe (Bild rechts). Vor der Treppenwange steht noch eine von drei Greifen getragene Steinbank. Darüber ist ein Relief in die Mauer eingelassen, auf dem zwei antik gewandete weibliche Gestalten dargestellt sind, von denen die rechte eine Lyra hält. Ein zweites Relief schmückt das Wandstück zur Rechten des Saals: Es zeigt einen Wagenlenker auf antikem zweispännigem Kampfwagen. Schöpfer beider Szenen ist der Stuttgarter Bildhauer Karl Donndorf. Weiteren bildhauerischen Schmuck zeigt die Brüstung der Terrasse in Gestalt eines Putto auf einer Echse und eines zweiten auf einer Schnecke, beide Arbeiten des Stuttgarter Künstlers Melchior von Hugo. Beherrscht wird die Terrasse bis heute von der monumentalen Säule, die auf einem hohen, kubischen Postament steht, welches Früchtegirlanden und Faunmasken zieren. Den oberen Abschluß der Säule bildet ein Palmwedelkapitell; es trägt die Bronzestatue des „von den Bergen herabkommenden Frühlings".

LORENZSTAFFEL

Die Lorenzstaffel, die von der Olgastraße bei der Englischen Kirche über die Alexanderstraße und die Dannekkerstraße zur Stitzenburgstraße führt, wurde während des Kriegs durch Bomben so stark zerstört, daß sie für den öffentlichen Verkehr gesperrt werden mußte. Der Zerstörungsgrad ließ eine Wiederherstellung unter Anlehnung an den früheren Zustand nicht zu. Es mußte deshalb eine neue Treppenanlage geplant werden.
Die 1958 neu entstandene Lorenzstaffel fügt sich gut in die Umgebung ein.

Zwischen modernen Wohnhäusern schwingt sich die Lorenzstaffel breit und elegant zur Höhe der einstigen Stitzenburg empor, auf der früher ein beliebtes Gasthaus stand. Nichts erinnert mehr daran, daß sie ursprünglich ein schmaler, steiler Treppenweg zwischen Weinbergterrassen war.

WÄCHTERSTAFFEL

Wer die Stäffele hochsteigt
ist unablässig am Zählen:
einhundertzweiundneunzig,
einhundertdreiundneunzig,
einhundertvierundneunzig,
dann wird erst einmal verschnauft.

Schickstaffel

Benannt nach Gottlieb Schick, einem der bedeutendsten Künstler des deutschen Klassizismus. Seine Bildnisse sind hervorragende Leistungen seiner Zeit, so auch das bekannte Gemälde „Frau von Cotta" in der Staatsgalerie.

BOPSERSTAFFEL

Hier beginnt ein wunderschöner Staffelwanderweg, über die Bopseranlagen zum Park der Villa Weißenburg und weiter hinauf bis zur Schillereiche.

Treppenanlage Neue Weinsteige 19

Die noch weitgehend originale, städtebaulich bedeutende Anlage (am Kreuzungspunkt von drei Straßen in beherrschender Lage) stellt ein in Stuttgart selten gewordenes, qualitätvolles Beispiel der Baukunst und des Kunsthandwerks des Neoklassizismus dar: Hinter einem schmiedeeisernen Tor mit klassizistischer Ornamentik ist eine halbkreisförmige Brunnennische mit Putto, Wandmalerei und krönender Balustrade angeordnet, rechts oben steht eine Pergola mit dorischen Säulen, links hinauf führt eine Treppe mit Balustrade, Kandelaber auf reliefiertem Sockel, antikisierender Vase und einer Abschlußwand an der Wendeplatte, die von dorischen Säulen gerahmt ist.

HAIGSTSTAFFEL

Flurname, mundartliche Form für „höchst“, nach der Lage des Bergvorsprunges vom Stuttgarter Tal aus gesehen.

„Bei so viel Stäffele läßt sogar d'r Hond, vom viela Rauf- ond Rondersprenga, sei Zong fast bis zom Bode nonderhänga.“

Mühlrainstaffel

Der Staffelweg führt so nah an den Küchenfenstern der Anwohner vorüber, daß man sich auf dem Wege zum Einkauf in der Stadt noch rasch einen Speiseplan für die nächsten Tage zusammenstellen könnte.

LISTSTAFFEL

Wir Stuttgarter steigen jeden Tag, ja ein Leben lang, über unser Stäffele hinauf und hinunter.
„Raus aus em Städtle, nonder ens Städtle."

Willy-Reichert-Staffel

Dies ist eine der wenigen Staffelanlagen, die uns in ihrem ursprünglichen Zustand erhalten sind.

En Stuagert – gucket selber nôch –
Dô kletteret aus em Tal
So an de tausend Stäffela,
En de Höh nuf überaal:
Dia steile Stuagerter Stäffela –
Dees woiß a jedes Kend –
Sen schuld, daß mir em ganza Land
Halt d „Stäffelesrutscher" send!

Wenn Stuagert koine Stäffela hätt,
Nô wärs koi Stuagert meh,
Nô wäret seine Mädla net
So schlank ond net so schee':
Dia steile Stuagerter Stäffela,
Dia haltet se en Schwong!
Dia, wenn de nuff ond ronter rutscht,
Dô bleibst jô röösch ond jong!

A Stuagerter wenn sterba muaß,
Für den isch koi Problem:
Der steigt dr d Hemmelsloiter nuf
Zom Petrus ganz bequem:
Dia steile Stuagerter Stäffela,
Dia hent en soo trainiert,
Daß er, wia wenns dr Bopser wär,
Em Hemmel zua marschiert!

Friedrich E. Vogt

Die kunstvoll geschaffenen Eisengeländer begleiten die Staffel hinauf zur Karlshöhe. Ihre Wichtigkeit wird in den Wintermonaten besonders deutlich, da sie uns davor bewahren, zum sprichwörtlichen „Stäffelesrutscher" zu werden.

Oberhalb der Mörikestraße entdeckt man beim kurzen Verschnaufen vom Stäffelessteigen einen herrlichen Einblick in die Parkanlage des städtischen Lapidariums. Wie in einem Märchengarten stehen hier steinerne Zeugnisse der Vergangenheit – durch einzelne Sonnenstrahlen, die durch das dichte Laub der Bäume und Büsche scheinen, in ein zauberhaftes Licht gerückt.

DAS LAPIDARIUM

Ein Garten der Ruhe, der uns einlädt zur geschichtlichen Besinnung. Nur über verborgene Staffeln lassen sich die in dieser herrlichen Parkanlage schlummernden Kleinode früherer Bau- und Bildhauerkünste entdecken.

Nachdem der Gemeinderat der Stadt Stuttgart im Jahr 1950 dem neugebildeten Lapidarium einmütig eine weitere Förderung zuteil werden ließ, wurde ein geradezu ideales Freilichtmuseum im Zentrum der Stadt geschaffen, das mit seinen Kunstwerken aus verschiedenen Stilperioden (Spätgotik, Frührenaissance, Hochrenaissance, Barock und Rokoko, Klassizismus) vielen Stuttgartern und auch Besuchern der Stadt Belehrung und Anregung bietet.

Seit Herbst 1952 konnte die Sammlung durch das anstoßende, von der Familie des Freiherrn von Gemmingen-Hornberg gepachtete Gelände erweitert und ausgebaut werden.
Der prächtige, parkartige Garten, in dem das städtische Lapidarium aufgestellt ist, erinnert an die beiden einstigen Besitzer, den durch seine vielfachen Stiftungen für die Stadt Stuttgart bekannten und geschätzten Geheimen Kommerzienrat Gustav von Siegle und seinen Schwiegersohn, den kunstsinnigen Fabrikanten Karl von Ostertag-Siegle, in deren Sinn und Geist der alte Familienbesitz eine dem Gemeinwohl dienende Verwendung gefunden hat.
Mögen für das städtische Lapidarium die Worte Geltung behalten, die bei seiner Eröffnung am 8. Juli 1950 Oberbürgermeister Dr. Klett gesprochen hat: „Viele dieser Steine mögen dem oberflächlichen Betrachter auf den ersten Blick als von künstlerisch wie historisch nicht bedeutsamer Art erscheinen. Wer aber seine Heimat und ihre Geschichte liebt, wird sich mit innerer Anteilnahme in die Formen dieser Steine und in ihren Gehalt versenken und daraus wertvollen Nutzen ziehen für Seele, Geist und Gemüt. Auch hier gilt das Dichterwort: Was glänzt, ist für den Augenblick geboren, das Echte bleibt der Nachwelt unverloren."

Im Bildvordergrund die Quellnymphe von Dannecker – sie stand einst am Neckartor – und in der Bildmitte das Originalmodell der Nymphengruppe von Dannecker, die früher am Anlagensee stand.

VILLA GEMMINGEN

Die Villa Gemmingen, eine der größten und schönsten Villen Stuttgarts, beherbergt heute das Landesdenkmalamt. Sie ist vollständig erhalten, samt Torpfeilerbauten an der Mörikestraße, ehemaligem Wirtschafts- und Stallgebäude mit Dienerwohnungen und Pförtnerloge, Treppenaufgang, Terrassen, Gartenkolonnade und Wasserbassin. Die Villa selbst, die man über eine Privatstraße mit großer Kehre erreicht, ein verputzter Backsteinbau mit Werksteingliederungen unter großem Mansardwalmdach, wendet ihre zweigeschossige Längsseite nach Südwesten; diese gliedert sich nach Art französischer Gartenschlößchen. Der davorliegende Garten ist durch eine Kolonnade beziehungsweise Böschungsmauer und eine mit der Gartenfront des Hauses korrespondierende Exedra, eine halbrunde Nische, gegliedert; man betritt ihn vom Hause aus über eine große Freitreppe.

Die Treppen und Staffelanlagen im Garten der Villa haben ihren eigenen Reiz. Begleitet von aufwendig gestalteten Balustern, Säulchen, die das Geländer stützen, führen sie uns durch die verstecktesten und zugleich reizvollsten Winkel der Parkanlage.

HOHENZOLLERNSTAFFEL

Sie führt vorbei an Villen, an kunstvoll geschaffenen Türen, Toren und Mauern, geschmückt mit den schönsten Eisengeländern der verschiedensten Bauepochen. Sie ist im Sommer mit Grün überwachsen und im Herbst in ein prächtiges Farbkleid gehüllt.

Der Schwabtunnel

Das alte Foto aus der Zeit der Jahrhundertwende zeigt den beidseitigen Staffelaufgang mit den schönen Kandelabern.

Der Schwabtunnel, 1894 bis 1896 gebaut, durchschneidet den Hasenberg. Er verbindet die Schickhardtstraße mit der Schwabstraße, die Arbeitervorstadt Heslach mit den Fabriken im Westen. Der mit 10,5 m damals breiteste Tunnel Europas und erste Straßen- (und Straßenbahn-)Tunnel des damaligen Deutschen Reiches stellt ein doppeltes, mit Zement abgedichtetes Backsteingewölbe von 0,78 m bis 1,04 m Stärke dar und öffnet sich an beiden Tunneleingängen in großen Bogen, welche an den Ansichtsseiten und den seitlichen Böschungsmauern mit Zyklopenmauerwerk (Buntsandstein und Granit) verblendet sind. Auf den seitlichen Böschungsmauern führen jeweils zwei vierläufige Treppen mit gemeinsamem Austritt zur Wannenstraße beziehungsweise Hasenbergsteige hoch. Die Bogen zeichnet zudem ein Löwenkopf als Schlußstein, die Südseite ein von Theodor Bausch gearbeitetes Figurenpaar über dem Tunnelentrée aus; es sind dargestellt: ein Arbeiter oder Handwerker in Phantasiegewandung mit Hammer und Meißel sowie eine weibliche Gestalt in Toga mit Weintrauben (vermutlich Verkörperungen von Stuttgart als Industrie- und Weinstadt), dazwischen das Stuttgarter Wappen.

Das Foto von heute zeigt einen fast zugewachsenen Staffelaufgang. Die schönen Kandelaber sind ersetzt durch praktischere, aber auch häßliche elektrische Beleuchtung. Die Straßenbahn wurde von einer schienenunabhängigen Buslinie abgelöst.

Der Schwabtunnel

Welche Bedeutung und Wichtigkeit die Beleuchtung der Stäffele am Schwabtunnel hatte, zeigt uns ein Protokoll des Gemeinderats aus dem Jahre 1900.

27. September 1900.
Öffentlich.

Gemeinderat Kloss bringt vor: In der Gemeinderatssitzung vom 26. Juli ds. Js. habe der Gemeinderat einen Antrag des Herrn Gemeinderats Rau, von den 10 Lichtern am Treppenaufgang des Schwabstraßentunnels auf der Seite gegen Heslach 4 zu löschen, abgelehnt, nun seien aber doch 2 Kandelaber gelöscht worden und es sehe die Beleuchtung des Aufgangs infolge dieses Löschens abscheulich aus. Er halte es für notwendig, daß alle Kandelaber angezündet werden, und möchte fragen, wie es komme, daß trotz jenes Gemeinderatsbeschlusses 2 Lichter gelöscht worden seien. Sodann möchte er weiter auf den unwürdigen Zustand der Umgebung auf der Heslacher Seite des Tunnels hinweisen, der Tunnel sei jetzt 4 Jahre dem Verkehr übergeben, aber die Verbindung zu demselben durch Anlage der Adlerstraße sowie der Schickhardtstraße von der Adler- bis zur Hohenzollernstraße fehle immer noch. Er meine, mit Herstellung dieser Verbindungen sollte jetzt doch vorangemacht werden.
Oberbürgermeister Gauß: Mit letzterer Angelegenheit werde sich die Bauabteilung demnächst befassen; was sodann die Beleuchtung betreffe, so sei ihm nicht bekannt, wer die Anordnung getroffen habe, daß zwei Laternen gelöscht werden, er werde dies aber ermitteln und den betreffenden Beamten über die Gründe der Anordnung hören und sodann die Sache im Gemeinderat wieder vorbringen.

Zur Beurkundung
Ratsschreiber

An das Stadtpolizeiamt

Es ist in letzter Zeit wiederholt vorgekommen, daß von den am Treppenaufgang beim Schwabstraßentunnel auf der Seite gegen Heslach angebrachten Laternen einige Flammen gelöscht worden sind, ohne daß hierzu von einer städtischen Behörde eine Weisung gegeben worden wäre. Es wird deshalb anzunehmen sein, daß die Löschung von unbefugter Seite geschehen ist. Das Stadtpolizeiamt wird daher ersucht, die Schutzmannschaft anzuweisen, ihr Augenmerk darauf zu richten, daß künftighin die Laternen nicht unbefugterweise gelöscht werden.

Stuttgart, den 12. Oktober 1900
Stadtschultheißenamt:
Gemeinderat Stockmayer/Grießhaber

Stuttgart, den 22. Oktober 1900.
Stadtpolizeiamt V. Distrikt.

Bezüglich des in der Anlage geschilderten wahrgenommenen vorzeitigen Aus-

löschens von Laternen am Treppenaufgang des Schwabstraßentunnels wird folgendes gemeldet.
Von Seiten der Mannschaft wurde noch keine Wahrnehmung gemacht, daß Laternen an fraglichem Aufgang mutwilliger Weise ausgelöscht worden wären. Dagegen liegen Anzeigen vor über Demolierung und Auslöschens solcher von unmittelbarer Nähe.
Wie aber festgestellt ist und der Laternenanzünder Raiser bestätigt, wurde von demselben beim Löschen der Laternen noch nie bemerkt, daß Laternen unbefugter Weise daselbst gelöscht worden sind, wohl aber habe er schon mehrfach die Wahrnehmung gemacht, daß an der Laterne selbst oder an dem Strümpfchen nicht alles in Ordnung gewesen sei, indem die Gaszuleitung selbst schon ab und zu versagt habe. Es könne z. B. auch vorkommen, daß das Strümpfchen durch einen Sturm krumm geweht werde, wodurch die Flamme nur noch einen schwachen Schein von sich gebe. Solche Störungen dürften auch in den geschilderten Fällen vorgelegen sein.
Die Angaben des Raiser erscheinen glaubhaft zu sein, da er kein Interesse daran haben kann, zu verschweigen, auf welche Weise die Laternen versagten.
Die Mannschaft ist entsprechend instruiert und angehalten in Fällen, in welchen Laternen daselbst nicht mehr brennen, Meldung vorzulegen.
Patrouillen kommen von nachts 10 respektive 11 Uhr ab 4 mal an das Schwabstraßentunnel.
Polizeiinspektor Essig.

Anstände mit den Laternen am Aufgang des Schwabstraßentunnels hat es inzwischen nicht mehr gegeben.

Stuttgart, den 12. Dezember 1900.
Polizeiinspektor Essig.

KOLBSTAFFEL

Benannt nach der Kolbschen Brauerei. Sie führt steil hinauf von der Tübinger Straße zur Mörikestraße und weiter über die Humboldtstraße zum Park der Karlshöhe.

TAUBENSTAFFEL

Selbst der Löwenzahn, dem Foto nach zu urteilen, fängt im Frühling das Stäffelessteigen an.

Witthohstaffel

Spaziergänger kommen, wenn der Schnee geräumt ist, ohne durch Kraftfahrzeuge belästigt zu werden, über die Witthohstaffel zur Aussichtsstraße Rebenreute und weiter über die Hasenbergsteige zum Wald.

PFARRWEGLE

Führt hinter dem Heslacher Friedhof hoch zum Friedrich-Wertz-Weg und weiter zum Birkenkopf. Benannt nach den Botnanger Pfarrern, die zwischen 1580 und 1751 auch Heslach betreuten und diesen kürzesten Verbindungsweg einschlugen.

Elsterstaffel

„Bei dene viele Stäffele, dô kôs aim scho passira, daß mr seine heißglaufene Socka zom Trockna aufhänge muß. Ob's dem Briefträger au scho so ganga isch, des hane nia erfahra."

Staffel zum Blauen Weg

RÖTESTAFFEL

Der Name der Staffel bezieht sich auf einen schon 1304 erwähnten Flurnamen. Da aber die geologischen Verhältnisse in dieser Gegend eine rote Bodenfarbe nicht erkennen lassen, darf angenommen werden, daß der Ursprung für die Namensgebung in der Bebauung zu suchen ist, bei der roter Sandstein verwendet wurde.
Die Staffel führt aus dem Stuttgarter Westen hinauf zur Hasenbergsteige.

Rotenwaldstrasse

Zu jedem der hangseits stehenden Häuser der unteren Rotenwaldstraße führt ein eigener Staffelaufgang. Diese Privattreppen prägen das Straßenbild und geben der Verkehrsader den Reiz einer typischen Stuttgarter Stäffelesstraße.

Karl-Adler-Staffel

Eine willkommene Abkürzung. Vom Kräherwald, vorbei an der Nikolauspflege und über die Gaußstraße hinunter in den Stuttgarter Westen.

Untere Honoldstaffel

Von der Zeppelinstraße steigt man hinab, vorbei an einer mit schwäbischer Gründlichkeit der Staffelform nachgeschnittenen Buchenhecke, zur Gutbrodstraße.

STAFFEL ZUR ZEPPELINSTRASSE

Ein romantischer Staffelweg ohne Namen. Er soll der Legende nach einer der ältesten Wege von und nach Botnang gewesen sein, er führt vorbei an dem Gedenkstein für die ehemalige Forstburg, hinauf über die Zeppelinstraße zum Kräherwald; von dort ist es nur noch ein Katzensprung hinunter nach Botnang.

Claudiusstaffel

Dô hot mr als Kehrwöchler nix zom Lacha, g'fegt wird ohne z'bruddla – Staffel für Staffel.

FALKERTSTAFFEL

So a Stäffele kô oim fascht d'Freundin beim Ballspiela ersetza. Zom Stäffele nauf, vom Stäffele ronder – unermüdlich –; Stäffele spielet immer mit.

Lessingstaffel

Ein reizvoller Blick, von der Lessingstaffel auf die Russische Kirche; sie ist ein fremd anmutendes Architektur-Kleinod im sonst so nüchternen Straßenbild.

Eberhard-Ludwigs-Gymnasium

Stufe für Stufe hinauf zum Eberhard-Ludwigs-Gymnasium.
Stufe für Stufe, bis zum Abitur.

Am Koppentalbrunnen

Heute wie vor achtzig Jahren: spielende Kinder auf der Staffel. Der erfrischende, kühlende Brunnen gehört dazu.

IM KAISEMER

Flur, in der das Zisterzienser-Kloster Kaisheim bei Donauwörth Grundstücke besaß, die nach einer alten Urkunde 1372 verkauft wurden.

Beim Hinunterträppeln wird das Gehen zum Schweben, ja zum Walzer und Polkaschritt. Manch ein fröhliches Lächeln begegnet einem auf den Stäffele, und schon ist der Himmel viel blauer, die Stäffele sind kürzer, und man weiß nicht so recht, ob das Herzklopfen nur von den vielen Treppen kommt.

Postdörfle

An der damals neu angelegten Bahnhofstraße (jetzt Heilbronner Straße) erbaut 1869 bis 1872 vom Stuttgarter Architekten Georg Morlok. 214 Wohnungen. In Gemeinschaftshäusern Speiseanstalt für 1000 Essen täglich, Waschanstalt mit Trockenraum, Badeanstalt mit Schwimmbecken, Kleinkinderkrippe. Im Zweiten Weltkrieg weitgehend zerstört.

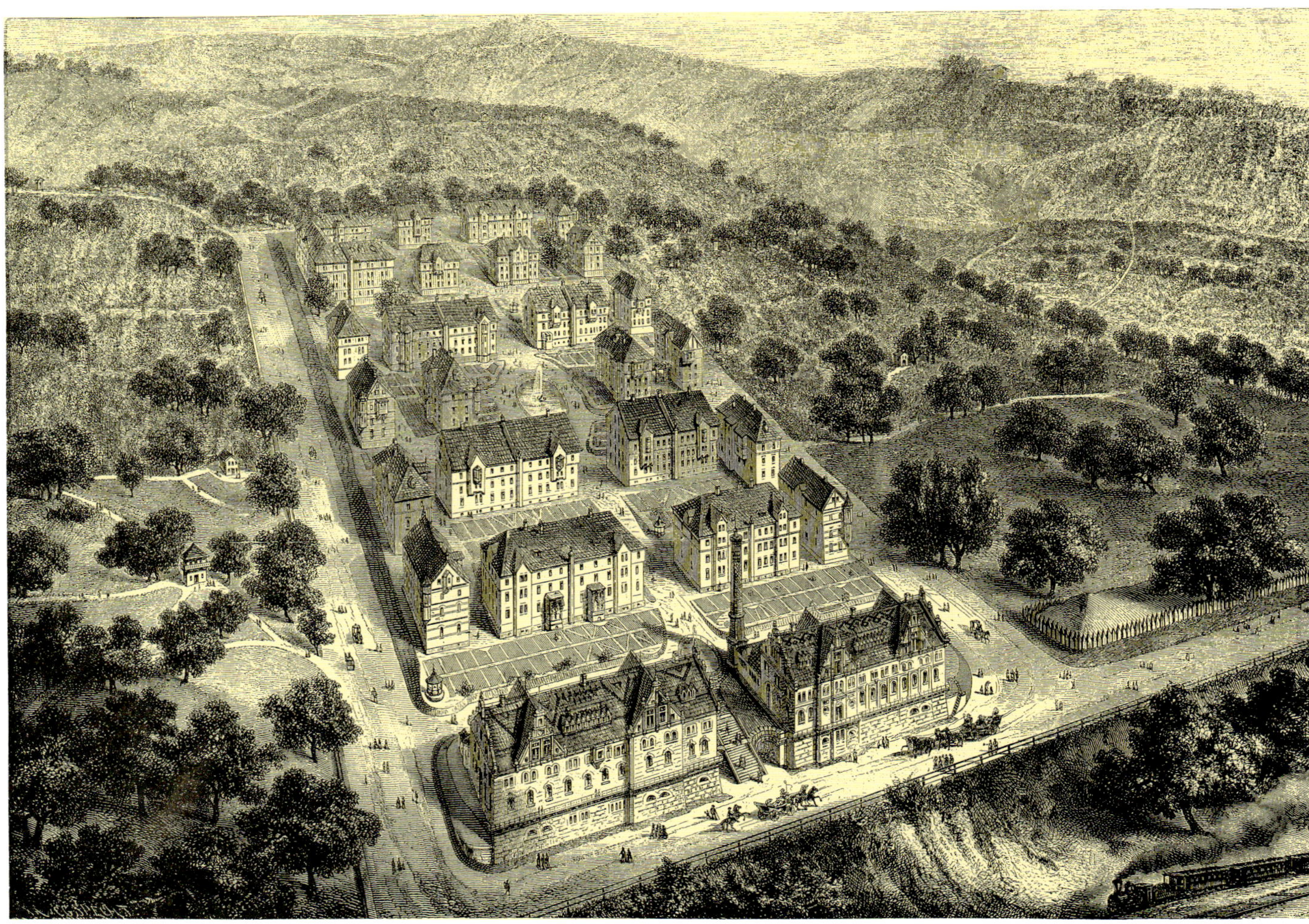

In sieben Terrassen steigt die Bebauung von der Heilbronner Straße den Osthang hinauf. Vor den Häusern liegen Grünzonen – einst Gemüsegärtchen – mit jeweils einer Gasse, die die Sechsfamilienhäuser erschließt. In der Mitte verläuft die Sammelstraße; sie ist über einen großzügig angelegten Staffelaufgang mit der Heilbronner Straße verbunden.
Hier im Postdörfle ist übrigens Willy Reichert aufgewachsen.

KRIEGSBERG-TÜRMLE

Neun Meter hoch, vom Verschönerungsverein nach einem Entwurf von Oberbaurat Karl Weigle 1895 auf dem Kriegsberg errichtet.

Feuerbacher Weg

Unterm Asphaltgewand sieht ihm niemand sein Alter an, denn er hat unser Tal bereits damals durchquert, als von Stuttgart noch kein Haus stand. Als Rest einer Heerstraße, vom Neuffen zum Asperg, ist er über eintausendfünfhundert Jahre alt.

WIEDERHOLDSTAFFEL

Der bezaubernde Ausblick vom oberen Ende der Wiederholdstaffel ist die Mühe des Aufstiegs wert.

Staffeln am Albrecht-Dürer-Weg

Staffeln zum Flanieren, Staffeln zum Spazieren. In sanftem Bogen ziehen sie sich hinauf zur Feuerbacher Heide.

'S STÄFFELE

Namenlos und doch wunderschön. Es führt uns von der Birkenwaldstraße hinauf zur Hermann-Kurz-Straße.

AM WEISSENHOF

Die Weißenhofsiedlung beim Killesberg ist ein Markstein in der Entwicklung der modernen Architektur. Aber auch das „Neue Wohnen" kommt – zumindest in Stuttgart – nicht ohne Stäffele aus.

KILLESBERG

Aus einem ehemaligen Steinbruch gestalteten die Landschaftsarchitekten den Höhenpark Killesberg, der mittlerweile als Ganzes unter Denkmalschutz steht. Die Anlage geht auf die Reichsgartenschau 1939 zurück.

„An Killesberg ohne Stäffele
kennt sich koi Schwôb vorstella.“

WILHELMA

Als König Wilhelm I. in den Jahren 1842 bis 1845 das Lustschlößchen Wilhelma mit Gewächshäusern, Säulengängen, Terrassen, Gärten und kleinen Seen im Rosensteinpark errichten ließ, konnte er nicht ahnen, daß er damit den Grundstein für einen zoologisch-botanischen Garten gelegt hatte, der gut 150 Jahre später der einzige dieser Art in Deutschland und der größte in Europa sein würde.

Auch hier, bedingt durch die Hanglage des Rosensteinparks, entstanden unzählige Staffelaufgänge. Ich glaube, König Wilhelm hat sie absichtlich bauen lassen, damit der schöne Garten für die Stuttgarter, die es ja gewohnt sind, die Schönheiten der Stadt nur über beschwerliches Treppensteigen zu erleben, heimatlich wirkt – ganz nach dem Grundsatz: „Z'erscht wird gschafft ond nô wird guckt."

VILLA BERG

Im Jahr 1853 wurde die Villa Berg, ein Meisterwerk der Baukunst, vollendet, umgeben von einem prächtigen, 24 Hektar großen Park mit Statuen und wunderschönen, säulenartigen Gaslicht-Kandelabern und, nicht zu vergessen, vielen reizvollen, zum Teil versteckt angelegten Staffeln, ohne die die Villa Berg gar nicht vorstellbar wäre.

BERGER STÄFFELE

Die unzähligen kleinen Staffeln führen den Besucher in eine romantisch verwinkelte Bebauung, die den Vergleich mit einem süditalienischen Bergdorf nicht zu scheuen braucht, zumal die Bewohner dieses kleinen Stadtteils zum großen Teil ebenfalls aus südeuropäischen Ländern hierhergezogen sind. Man trifft sie überall auf den Staffelwegen, die sie mit ihrem südländischen Temperament als selbstverständlich in ihren Wohnbereich einbeziehen. Um es in Schwäbisch auszudrücken: „A bißle tratsche ond a Schwätzle halta, dô send onsre Stäffele wie gschaffa d'rfür."

Das historische Bild der alten Berger Marienkirche stammt von dem Stuttgarter Architekten Carl Friedrich Beisbarth. Die Pfarrgemeinde Berg erhielt erst 1862 ein selbständiges Pfarramt.

HORNBERGSTAFFEL

Als malerischer Winkel zeigt sich die Hornbergstraße – sie ist ein Rest Alt-Gaisburgs –, die doppelseitige Staffel mit den kleinen, verputzten Fachwerkhäusern an beiden Seiten.

Es scheint, daß sich bis heute nichts wesentlich verändert hat. Man muß schon genau hinschauen, bis man erkennt, daß es nicht mehr dieselben Häuser wie vor 60 Jahren sind.
Der Wiederaufbau nach dem Krieg hat die Proportionen der Bebauung verändert, ich meine: nicht zu ihrem Vorteil.

WANGEN

Seit über 700 Jahren steigen die Frauen und Männer von Wangen mit ihren Kindern über die Kirchstaffel zur Michaelskirche, die wie ein Festungswerk schützend über Wangen steht.

Oberhalb der Wangener Kirche gibt es viele namenlose, öffentliche Staffeln, die vom Ortsausgang bis zur Wangener Höhe durch unendlich viele „Gütle und Gärtle" hinaufführen. Mancher Stäffelessteiger, der auf halber Höhe zum Verschnaufen stehenbleibt, wird sich wundern, wenn er ziemlich barsch angesprochen wird. „He, Sia, was wellat Sie en meim Gütle – machet Se ja, daß Se dui Staffel voll nuffkommet." Es kann aber auch sein, daß, wenn man zur Vesperzeit vorbeikommt, man herzlich zum Imbiß eingeladen wird.

Rohracker

Die Außenstiege des Fachwerkhauses in der Rohrackerstraße 251 läßt das Gebäude als ein typisches Beispiel eines Wengerterhauses des 16. Jahrhunderts erkennen.

1937 beschlossen Bürgermeister Bürkle und sein Gemeinderat, den Staffelaufgang bei der „Alten Schule" bis hinauf zum Speidelweg durchzuführen. Er ist die steilste Staffel Stuttgarts geworden.

Schützenswerte Kleinode unserer Kulturlandschaft

Das Urbild, vor drei Generationen noch unzählig vorhanden, ist die Weinbergstaffel. Vieles ist in den letzten Jahren flurbereinigt worden, das heißt begradigt, modernisiert, pflegegerecht gemacht, zum Nachteil eines gewachsenen historischen Landschaftsbildes.

Die wenigen Weinbergstaffeln mit ihren alten Mauern, Marksteinen und Weinberghäuschen sollten es uns wert sein, sie zu schützen und zu erhalten.

Untertürkheim

Das Herzstück der Staffelanlage an der Wallmerstraße ist dieser im Jugendstil gestaltete Brunnen. Die gesamte Anlage steht heute unter Denkmalschutz.

OBERTÜRKHEIM

Über die Bergstaffel, die Kirchsteige und das anschließende Kirchstäffele kommt man zum wohl schönsten Kleinod Obertürkheims. Die Petruskirche steht eingebettet in einen romantischen Bergfriedhof und die angrenzenden Weinberge und schaut stolz ins Tal hinab.

ROTENBERG

1819 bis 1824 wurde auf Befehl des Königs Wilhelm I. die württembergische Stammburg abgetragen und durch Baumeister Giovanni Salucci eine mit einer Kuppel bedeckte Gruftkapelle errichtet. Nach Fertigstellung fand hier die Gemahlin des Königs, die Königin Katharina, ihre letzte Ruhestätte.

Die Liebe

OFFENBURGER STAFFEL

BAD CANNSTATT

Erbaut im Jahre 1930 als Verbindungsstaffel hinauf zur Züricher Straße und zum Steigfriedhof.

ALTENBURGER STAFFEL

BAD CANNSTATT

Unter dem Staffelaufgang liegt wahrscheinlich der alte Römerweg, der hinauf zum Römerkastell führte.

Feuerbach

Eine verkleinerte Ausgabe der Residenz: Stäffele, wo mr nôguckt.
Viele Feuerbacher schnaufen sie täglich hinauf, die Burghaldenstaffel, das neue Kirchstäffele, die Eychstaffel, die Bärenstaffel, die Happoldstaffel und viele mehr.
Staffeln, die in die Weinberge oder Baumgärtle führen, oder die alten Staffeln, über die früher die Handwerker und Marktfrauen von Feuerbach nach Stuttgart und zurück täglich gegangen sind.

Heute ist ja alles einfacher, man steigt in die Straßenbahn oder ins geliebte Auto und schnauft höchstens mal vor Wut, wenn man in einem Verkehrsstau steckt.

BOTNANG

Der malerische Staffelweg führte früher von der Kirche hinauf in die „Gütle". Heute steigt man hinab, weil es eben eine Abkürzung von den in Wohngebiete umgewandelten „Gütle" ist.

Einer der schönsten Botnanger Staffelwege ist der Faißtweg. Er führt von der ehemaligen Arbeitersiedlung Westheim, geschaffen 1902 bis 1904 vom Verein für das Wohl der arbeitenden Klassen, hinauf in den Botnanger Wald und weiter zu den Bärenseen.

SCHLOSS SOLITUDE

Das anmutige, weithin sichtbare Lustschloß wurde auf Veranlassung von Herzog Karl Eugen durch den Baumeister Philippe de la Guêpière 1763 bis 1767 errichtet. Ein zweiflügeliges Rokokoschloß mit einem großzügig angelegtem Staffelaufgang, oder sagt man hier besser fürstlichen Treppenaufgang? Heute befindet sich eine sehenswerte Ausstellung des Inventars im Schloß. Vom Schloßhügel herabblickend, erkennt man die 13 Kilometer lange, schnurgerade einstige Allee, die bis zur damaligen Residenz Ludwigsburg führt.

Kreuzstaffel in Hofen

Prozessionskreuz auf der Staffel oberhalb der Kirche St. Barbara in Hofen.

Nachmittags, wenn die Hofener Bauersfrau ihren Haushalt gerichtet und mit einem prüfenden Blick sich überzeugt hat, daß alles seine Ordnung hat, steigt sie über die Kreuzstaffel hinauf ins Gütle. Am Kreuz verharrt sie kurz und spricht zum Kreuz: „Liab's Herrgöttle von Hofen ond Omgebung, verschon ons vor Hagel, Blitz ond Donnerwetter – ond 's wär schee, wenn onsre Äpfel des Jahr net so viele Môse (Schorfflecken) hättet!" Abends, auf ihrem Heimweg, bleibt sie nochmals auf der Staffel stehen, schaut kurz mit einem auffordernden Blick hinauf zum Kreuz – als wolle sie Gott erinnern: „Gell, denk an meine Äpfel!"

Stäffele nauf, ond am eiserna Dackel werdat d' Schuh abkratzt, weil mr hôt jô erscht Kehrwoch gmacht.

Stuttgarter Stäffeles-Feuerwerk

Stuttgart am Abend, gesehen vom oberen Ende der Sängerstaffel, ist eine riesige Freilichtbühne. Auf den Hängen ringsum die Lichter, bunt hingetupft, und unten im Zentrum Lichterketten aneinandergereiht – alles was aufragt, schwimmt im Licht – jeden Abend ein Lichtermeer wie ein stehendes Feuerwerk.

Textnachweis **Seite**

Autor und Verlag danken den Verfassern, Rechteinhabern und Verlagen, die freundlicherweise den Abdruck von Texten, Fotos, Zeichnungen und Stichen genehmigt haben. Alle hier nicht genannten Texte und Fotografien wurden von Uli Kreh verfaßt beziehungsweise aufgenommen.

Bildnachweis **Seite**